なんくるないさの物語

大切なのは、あきらめないこと

東風勝男

文芸社

私はずっと、生まれ故郷の沖縄が嫌いでした。

嫌いだったのには理由があります。

それは私が沖縄で過ごした子ども時代が、とんでもなくつらい境遇だったからです。

でもいまは、沖縄が大好きです。

それは私があきらめないでいたことで、未来への道が開け、幸せになれたからです。

「なんくるないさー」という言葉が大好きです。ナンクルナイサーとは『挫けずに正しい道を歩むべく努力すれば、いつか良い日は来る』という意味、と解されています。また私なりに、これまで懸命に努力してきたから、もし今回は報われなくても決して無駄にならない、「これからなんとかなる」という意味と解釈しています。

世間では「何もしなくてもどうにかなるよ」と解釈している人が多いですが「テーゲーヤサ」とはまるっきり違います。「テーゲーヤサ」とは語源は「大概」からきていて、ほどほどにする、ある程度のところでやめておくという意味です。

ナンクルナイサーとテーゲーヤサとは全く違う意味なのです。

誰しも人生において、どうでもいいやと思う時期がありますが、どんなときも、あきらめないことが大事です。

どんな境遇にいても、あきらめないことで道は開けていくのです。
あなたも、なんくるないさの精神で、道を開いていってください。
いまつらいあなたの生きるヒントになりますようにと願いながら、
私のなんくるないさの物語を始めてみたいと思います。

目次

第一章　南の島

私が生まれたのは、昭和十九年八月六日。

そう、広島に原爆が落とされるちょうど一年前のことです。

私は生まれる前日まで、海の上にいました。パラオ島から病院船に乗って沖縄を目指していた母のお腹の中にいて、いまはまだ生まれるときではないと、必死でがんばっていたようです。

病院船は、敵機の攻撃を受けることはないという国際法のジュネーブ条約で守られているのに、臨月の母が乗った船は出発して二時間ほど経ったとき、アメリカ軍から機銃掃射を受けたのです。

大きなお腹の母は、まだ小さかった私の兄姉弟《きょうだい》たちも抱えていたので、ほかの人たちの邪魔にならないようにと船底の部屋を割り当てられ、そのおかげで運よく助かることができました。

新鮮な空気や海風にあたりたいと甲板にいた人々は、あっという間に亡くなってしまいました。船の上階にいた人々もです。

病院船は、赤十字の船であることを証明するために、白衣を着た人たちが甲板に上がり、大声で叫びながら手を振りました。戦闘機はすぐに気づき、機銃掃射をパタリと止めましたが、時すでに遅し。病院船の甲板は、無残に殺された人々の遺体であふれ、地獄のような光景となりました。

機関銃の音に驚いた次兄の功《いさお》はまだ二歳でしたが、動揺して船底から飛び出そうとしました。母が急いで止めましたが、功と同じようにパニックになっていた母も、リュックを担ぎ、長兄の久栄《きゅうえい》と姉の洋子《ようこ》を連れ、船底から早く出ようと焦っていたそうです。

しかし、屈強な船員が、母を叱りました。

「ここは海の上だよ。船に乗っている限りはどこにも逃げられない」

「この船と運命をともにするつもりで乗ったのでしょう。子どもたちを落ち着かせて、あなたも落ち着きなさい」

船員に強く言われ、母はやっと我に返ったのです。

そして三日後の八月五日、船は台湾の高雄《たかお》港に到着しました。

郷里の沖縄を目指していた船ですが、沖縄は戦火に見舞われていて、船に乗っている生き残った人々の命を守るため、沖縄へ向かうことを断念したのです。

船を降りた母は、すぐに台湾の高雄病院へ入院しました。

そして翌日、私が生まれます。

パラオ島に残っていた父の久士《ひさし》が、男が生まれたら「勝男《かつお》」、女が生まれたら「勝子《かつこ》」と名付けなさいといっていたため、私の名は勝男になったのです。


私の母のマツ子は、大正三年、沖縄の本部《もとぶ》の生まれです。

マツ子の父、私の祖父は農業をしていましたが、漢方薬の知識に長《た》けていたため、病弱な村人に頼まれると薬草を煎《せん》じて治したり、病弱な方々の相談に乗っていたようです。また山や畑を多数持っていて、経済的には裕福な生活をしていました。

祖父は治療をしてもお金を一銭ももらわなかったため、人々はあとから農産物や魚などを持ってきていました。

あるとき、離れた村から、目が見えなくなってきた女性が家族に連れられてやってきたことがあったそうです。

「病院で治療をしているがドンドン見えなくなってきている。病院でこれ以上は治らないと言われた。ここで治らない場合はあきらめる」

そう言って祖父を頼ってきたのです。

祖父が薬草を調合して治療すると、次第に目が見えるようになり治癒しました。その女性は祖父が死ぬまで、お中元、お歳暮をお礼に持ってきていました。また、祖父に診てもらいたくて遠くの島から船で来る患者さんもいたそうです。

母が小さいころ、島には飴《あめ》類はなく、サトウキビが豊富で黒糖があったことから黒糖ばかりを食べていて、あまりご飯を食べずに痩せていた母はやんちゃで、親からよく怒られていたようです。木登りが得意だったと聞きました。

母が十八歳になったとき、豆腐屋の息子の久士が、美人で頭の良い母を自分の嫁にしたいと願い、自身の母親に頼み込んで、「マツ子さんを嫁にくれないか」と申し込んできました。

祖父は、幼いころから母と同級生だった久士のことを知っていましたから承諾し、母は婚約をしたのです。

しかし世間知らずの母は豆腐を作ったこともなく、すぐに久士の家に嫁ぐ自信がなかったため、久士を家に呼んで祖父を交えて言いました。

「あなたの家から請われて婚約をしましたが、私はこんなに早く結婚して子どもができると育てていかないとだめだから、自信がないので紡績工場に行って、手に職をつけてから結婚をしたい」

当時の沖縄の田舎では、女の子の多くは大きくなると本土の紡績工場に出かけていたのです。母は、本土に行ってしまえば久士が結婚をあきらめるだろうと思っていました。

何年行くのかと聞かれ、一年ですと答え、一年間ならと許可を得て、山口県宇部の紡績工場に女工として働きに行くことになりました。

しかし母は結婚したくなくて、二年間も沖縄に帰りませんでした。当時は、親が決めた婚約はよっぽどでない限り本人が解消することは無理だったのです。

あとで聞いた話によれば、久士は母が本土に行って間もなく、渡久地《とぐち》の料亭「風月」に通い始め、女郎を買い、しだいに頻繁に出入りするようになっていたようです。

そしてお金も使い果たして遊ぶお金もなくなった久士は、女郎を買ったお金を払えなくなり、風月の女主人に嫌われて出入り禁止となりました。それでも夜中に窓のすぐそばの大きなガジュマルの樹を伝い、こっそりと女郎の部屋に忍び込んでいたようです。

母の家族は久士の女遊びの噂《うわさ》を聞いていて、しかも久士は祖父が重症の糖尿病で床に伏していたのに一度もお見舞いに来なかったようで、祖父は「あんな男にマツ子はやれん」

と思っていました。

それを察した久士は、悪知恵を働かせます。

――チチキトク、スグカエレ
久士は、母に電報を送ったのです。

何も知らない母は、それを家族からの電報だと思い、驚いてすぐに荷物をまとめ、沖縄へ帰ることになりました。

母が帰ってくることを伝え聞いた久士は、母の乗った船を港で待ち構えていて、船を降りた母が家へ帰る道の途中で待ち伏せをしていました。

そして久士は母の前で、寂しそうに申し訳なさそうにこう言ったのです。

「僕が君に対して悪いことをしたので、君の家から婚約破棄されるようだ。僕の母は、あんたの行いが悪いから、マツ子の親があなたの子にマツ子はやれないと言っている。あんなに良い家庭の、しかも頭も良く美人な娘をもらえなかったら、もうあんたには家にいる資格はないから家から出ていきなさいと言われた。僕はもうどうしたらいいかわからない。君がいなかったから寂しくてあんな悪いことをしたんだ。もう二度と悪いことはしないから、僕を許して嫁になってほしい」

寂しそうな顔でそう言われた母は、久士のことがとても可哀そうになり、許してやろうと思ったのです。

母が家へ帰ると家族が待っていました。

祖父はかなり痩せていて、衰弱が激しく、以前の祖父より覇気がなくなっていました。

「マツ子が帰ってくるまで生きられるか心配だったが、マツ子の顔を見られてとってもうれしい」

祖父はそう言い、そして祖母がこう言いました。

「お父さんが半年前から病気で寝ているのに、一度も見舞いにも来ず女郎買いばかりして、生活が乱れている久士にあなたをやることはできない。風月の女将からも久士の悪い行動は聞いている。あんな男に将来性はないから、いまのうちに婚約解消して別れるのが良い。もっと良いところへ嫁に行きなさい」

しかし母は、先ほど見た久士のしょんぼりした姿を思い浮かべ、

「私がここにいなかったから久士さんはあんなに乱れた生活をしたのでしょう。私が帰ってきたので、もうあのような生活はしないでしょう」と久士をかばったのです。

「あなたが納得しているのなら、では結婚しなさい。私たちが結婚するのではないから、

これ以上、私たちは何も言わないから」

ということで、母は家族の心配をよそに久士と結婚することになりました。

「あなたはお金が無いでしょうから結納金はいらない。結婚式もやらないで良いでしょう。マツ子を幸せにしなさいよ」

母の家族は久士に強く言いました。

のちに私の父となる久士は、神妙な顔でその言葉を聞いていたそうです。

母はそのとき、まさか父がガジュマルの樹を伝ってまで女郎部屋へ行っていることは知りませんでした。そのことを知ったのは結婚後です。風月の女将から聞かされて唖然《あぜん》としたそうです。

父は二十歳のとき徴兵検査を受け、身長168センチ、体重70キロと体格が良く甲種合格のようでしたが、肋膜炎を患い手術を受けた痕があり不合格になっていました。

二人は、昭和九年七月十五日に婚姻届を出しました。

日本の委任統治地域であったロタ島に、父の姉夫婦が出稼ぎに行っていたので、彼らを頼ってロタ島に出稼ぎに行くことになり、筑後丸に乗り出発しました。

貧しい沖縄では、南洋群島への出稼ぎが多かったのです。

南洋群島は、その当時は日本の統治下でしたが、ロタ島にはまだ日本人は少なかったようです。島へ渡った日本人は、農業に従事してサトウキビや野菜を作っていることが多かったのですが、二人は島へ着いて早々に、南洋興発会社という会社に入社できました。南洋興発会社は、島を開発して発展させるための業務を行う会社です。父も母も、水道部の所属となりました。水道部というのは、山の上の水源地から町へ水道パイプを引いたり道路をつくったり、島のインフラを整備する部署です。二人は山の上の小屋に住むことになりました。

父はパイプを引く工事に従事し、夫婦者は二組でしたから、母は労働者の炊事係として働きました。やがてパイプを引く工事が完成すると山を下ろされ、今度はサトウキビから白糖を作る砂糖工場で働くことになりました。工場の近くの社宅を与えられました。

朝八時半に出勤し、夕方六時半に仕事が終わります。しばらくはとても平穏な暮らしでした。そのうちに母は妊娠し、男の子が生まれました。とても可愛い男の子で、二人はとても可愛がっていたのですが、幸せな時間は長くは続きませんでした。一歳にもならぬ前に高熱を出し、頼れる医者もなく、満足な薬もなく、あっという間に亡くなってしまったのです。母たちは深い悲しみに耐えるしかありませんでした。

その後二年ほど、興発会社で一生懸命に働き、少々の資金を貯めました。

そして会社を辞めて街へ出て独立し、知人の渡久地氏と船を買い漁業を始めました。

仕入れた魚を母が店で売り、父は山のほうの農民たちのところへ魚を売りに行き、帰るときには農民たちから野菜を仕入れ、料理屋に売っていました。

やがて母は、自身の働いて貯めていたお金で古いシンガーミシンを買いました。山口県の紡績工場でミシンを扱っていたので、その経験を生かし、縫製の仕事を始めることにしたのです。

そして母は、次の子どもを身ごもりました。


自営業となってから、はじめのころは父も真面目に働いていましたが、そのうちに生活が乱れるようになってきました。

魚や野菜を売るため料亭へ出入りしていたので、また悪い癖が出始めたのです。

はじめのうちは、昼間はちゃんと働いて、夜だけ遊びに出かけていたのですが、だんだんと家に帰ってこなくなりました。料亭に泊まり込むようになり、三日、四日と家に帰ってこないのです。

母がどんなに言っても父は女遊びをやめません。母のお腹が大きくなってきても、ほとんど家に帰ってこないので、母はどんどん不安になりました。

当時は、自宅に産婆さんを呼んでのお産でしたから、産み月が近づくにつれ、もし夜中に産気づいたらどうしようと、母は思うようになりました。

そこで母は手紙を書くことにしたのです。

「お産が近づいているから、家に帰ってきてほしい」

事情を知っている知人に頼み、父が泊まり込んでいる料亭に届けてもらいました。

手紙を読んだ父は、一度は家に帰ってきましたが、まだ生まれないと知ると、すぐにまた出ていきました。

「まだ生まれないのに人を呼んで」

父は乱暴にそう言って、不機嫌に荒々しく家を出ていったのです。

幸いにして、母が産気づいたのは昼間でしたので、隣近所の人たちに助けられながら、母は男の子を産みました。子どもが生まれても父は帰ってこなかったので、産後は父の姉が泊まり込んで助けてくれました。

昭和十三年に生まれた子どもは、久栄と名付けられました。

あるとき、久栄と一緒に風邪を引いてしまった母が寝込んでいると、ふらりと帰ってきた父が寝込んでいる母子をちらりと見て、銭湯へ行ってくるといってまた出ていきました。父は、洗面道具を持って銭湯に行く途中で蕎麦《そば》屋に寄り、「自分の家に蕎麦を届けるように」と告げて、石鹸《せっけん》とタオルを持ったまま料亭に行き、しばらく帰ってきませんでした。母はそのやり方が嫌になり、帰ってきたらうんと怒り飛ばしてやろうと思っていましたが、帰ってきたときは何も言えませんでした。

ほかの家庭の夫なら、妻に言われたときに少しは反省するのでしょうが、父は自分が悪いことをしてそれを指摘されると、開き直ってますます手が付けられなくなるのです。それがわかっていましたから、母は何も言わなかったのです。

あるとき魚屋の主人が、自転車を返してほしいと言ってきたことがありました。

父は魚を仕入れると、自転車に乗って山の農民に魚を売りに行くのですが、山から帰ってくるときに、農民から仕入れた野菜を他人のトラックに積み込んで、自分の自転車は山に置いたまま帰ってきた日がありました。翌日、また山へ魚を売りに行くために、魚屋の主人に自転車を借りたのです。

魚屋の主人は、父が自転車を返しにくるのを何日か待っていたようですが、あまりに音沙汰がないので、家に取りにきたということでした。

しかし父は何日も家に帰っていなかったので、肝心の自転車も父も、どこへ行ったかわかりません。そこで母は赤ん坊の久栄を背負い、父が入り浸っている料亭へ行ってみることにしました。

料亭の門の前には、しおれた野菜を積み込んだまま、放置された自転車がありました。魚屋の主人の自転車です。

母は意を決し、料亭へ入っていくことにしました。料亭の中からは、女たちの嬌声《きょうせい》が聞こえてきます。母は、その声のする部屋で父を見つけました。

父は、女郎たちと花札をして遊んでいました。

母が部屋へ入っていくと、一瞬その場は静かになりましたが、すぐに何事もなかったように花札遊びが再開されました。母は、父の隣にいる女郎のお腹が大きいことに気づきました。父にしなだれかかっている様子から、それが父の女であることがわかりました。

ショックを受けた母は、必死に気を取り直して父を怒りました。

「仕事もしないで昼間から料亭で遊んでいるなんて、一体どういうことですか。魚屋のご主人が自転車を返してほしいと待っているのに……」

父は知らん顔でした。

母は悔し涙に暮れながら、門の前の自転車を押し、魚屋へ返しに行きました。父はそれから三日、帰ってきませんでした。

お腹の大きかった女の名は志乃《しの》といいます。

志乃が父の子どもを産んだのは、久栄が四か月のときでした。


父の女は、志乃だけではありませんでした。

父はもう、ロタ島で一番の女郎買いと呼ばれるようになっていたのです。

別の料亭の、カミちゃんという女郎とも深い仲になっていて、ある日、カミちゃんに会いに行った父は、カミちゃんがほかの男と寝床を共にしているのを見つけ、カミちゃんに暴力を振るってケガをさせてしまいました。

ケガをしたカミちゃんは、謝るどころか治療費すら渡さない父に怒り、夜中に酔っぱらって家に怒鳴り込んできました。

カミちゃんは、玄関先で、大声でわめきちらしました。

「姉さん！　起きなさいよ。姉さんに話があって来たんだ。あんたの旦那は腐れ男だ。そんな男は捨ててしまえ！」

母は寝床の中でカミちゃんの声を聞いていました。たまたま家にいた父は、寝たふりを決め込んでいたそうです。母は、そのときカミちゃんがケガをしていることは知りませんでした。カミちゃんがいなくなるまで、父は布団の中でじっとしていました。

後日、父の事情をよく知っている人から、カミちゃんのケガのことを聞いた母は、カミちゃんのことが気の毒になり、カミちゃんに謝ることにしました。でも住所がわからないので、知人に頼んでカミちゃんを家まで呼び出してもらいました。

「カミちゃん、ごめんなさいね。主人が迷惑をかけました。これで着物を仕立てて着てくださいね」

母は、カミちゃんに新しい反物と幾ばくかのお金を添えて渡したのです。

カミちゃんは、目にあふれんばかりの涙を溜めて、「奥さん、本当にありがとう」と言って帰っていきました。

カミちゃんはそれから、ほかの女たちにこう言っていたそうです。

「昼間から料亭で女を買って一日中遊んでいるような男は、女房が悪いからだと思っていたが、あの男の女房は立派で、悪いのはあの男だった」

カミちゃんはそれきり、父と寝床を共にすることはなかったそうです。

母は仕立て業をして生計を立て、父から生活費を一円たりとももらったことがありませんでした。むしろ父は家にあるお金を持って遊びに行っていました。また、料亭の女将さんが女たちを連れて、父が遊んだお金を払ってくれと家に来たことが幾度かあり、そのたびに母は支払いをしていました。

カミちゃんがあの夜、あんな男は捨ててしまえと言ったのは、正しい助言だったのかもしれません。


昭和十五年、洋子が生まれました。

このときも父はそばにいませんでした。父の代わりにそばにいてくれたのは、ロタ島に働きに来ていた父の弟です。昼も夜も、母の世話をしてくれたそうです。

「義姉さんは、なんだか僕のお嫁さんのようですね」

そう言って笑っている義弟の言葉に胸がいっぱいになり、母はずいぶん泣きました。父の弟は、父と違いとてもやさしい人でした。

そのころ近所の人が、「ここでミシンを教えてください」と言って、中学校を卒業したての娘を連れてきてくれたので、お手伝いさんとしても兼ねて雇うことができ、とても助かっていたようです。

昭和十七年、功が生まれましたが、このときも父は家にいませんでした。

そのころ、遊びに遊んで借金を作っていた父は、魚の行商をやめて、保険勧誘の仕事をするようになっていました。

しかしロタ島には日本人が少なかったため、すぐに島中の日本人に勧誘をしてしまい、仕事がなくなったのです。

そこで父はパラオ島に行くことを勝手に決め、母は従わざるを得なくなりました。

「ロタ島一の女郎買いがいなくなるんだね」

送別の席で、隣近所の人たちは口々にそう言いました。

「向こうに行ったら、幸せになるんだよ」

父について行くしかない母に、人々はそう言って励ましてくれました。

八年暮らしたロタ島を出て、ロタ島よりさらに南方にあるパラオ島へと向けて船に乗ったのは、八月の暑い日のことでした。

母は、新しい島へ引っ越すことで、心機一転の気分でした。

父が改心してくれるかもしれないと期待していましたが、その期待は早々に外れます。保険勧誘という名目にかこつけて、父はまた料亭に入り浸り、新しい島でまた女狂いの日々が始まったのです。

家に帰ってこなくなった父を見て、母は自分で稼ぐしかないと心を決めました。父がもしお金を稼げたとしても、いままでどおりそのお金を家族に渡すことはないだろうと思ったのです。

ロタ島で仕立て業をして貯めたお金を元手に、母は大きな家を借り、パチンコや射撃のできる遊技場を開店しました。同時に女の子を二人雇い、仕立て業も始めました。

母は、子どもたち三人を育てるために必死で働きました。

父は、料亭の女の一人を身請けして家を借り、その女と二人で住むようになりました。

その女の名は、カズ子といいます。

ほとんどカズ子の家にいる父は、たまに思い出したように家に帰ってきます。

そして母は私を身ごもりました。

昭和十九年、敗戦の気配が濃厚となっていた日本軍は迷走し、サイパンに日本軍を常駐させますが、六月十五日から七月九日にかけてアメリカ軍の総攻撃に遭い、サイパンの日本軍は全滅。いよいよ次はパラオ島が狙われるだろうということで、パラオ島も厳戒態勢になりました。日々、軍からの伝達が来るようになり、戦争の激化が目に見えてきて、住民はいつでも逃げられるような状態にしておかなければいけません。

戦争が激しくなってきたので、父は消防団員になりました。

軍からの伝達が家にありましたので、母は三人の子どもたちを連れて、父のいる家を探しました。探し当てた家に入ると、カズ子しかいませんでした。

「あなたはまだ若いので出直しができるから、主人をぜひ返してください。女手一つで子ども三人を抱えて戦争を乗り切るのは大変なことなんです」

母はカズ子に心からお願いしました。

するとその夜、カズ子から話を聞いた父が家に来て、

「君は僕の悪口をカズ子にさんざん言ったそうだな。この家から君らは出ていけ！　カズ

子に遊技場をさせるから」と逆上してわめきちらしました。

父が一円も家に入れてくれず、母は自分でお金を稼いでいましたから、それは頑として断りました。

軍からの伝達が増えてきましたが、家にいない父の代わりに六歳の兄の久栄が、戦車の行き交う長い距離を歩いて軍まで聞きに行ってくれたので、母はとても助かっていました。

母の唯一の慰めは、父の姉夫婦がロタ島からパラオ島に引っ越してきて、一キロほど離れたところに住んでいたことです。

生活費を稼ぐために忙しかった母の代わりに、久栄が洋子の手を引いて伯母の家に遊びに行き、夕方になると母が功をおんぶして二人を迎えに行くのです。伯母の家でいろいろと話ができましたから、それが母の息抜きとなりました。義姉はやさしい人で、母の話し相手になってくれたので、それだけが母の支えでした。

四人目の子どもを妊娠しても、父は家に寄りつかず、戦争はどんどん激しくなっていきました。遊技場と仕立て業は廃業せざるを得なくなりました。

いよいよパラオ島も危ないということになり、島は臨戦態勢に入りました。

「安全なところへ君たちを引っ越しさせるので、家を買う金をくれ」

そう言って父が大金を取っていきました。母が一人で稼いだお金です。

父が買った家は、陸軍の大砲などが多数備えられている基地のそばにある農家でした。近隣一帯の農家なども危険ということで、住民すべてが引っ越したあとの、空き家になっている家でした。

畑にはわずかなネギがあっただけです。本当に捨てられた、トイレもない、買うに値しない家でした。戦車が家の前を幾台も行き交い、陣地の真ん中にいるようなものです。働き手の男たちは飛行場の整備などに駆り出され、頼りになる人はいません。

父は、その家にもまったく帰ってきませんでした。

妊娠している母は不安の中、一か月半、そこで過ごしました。

やがてパラオにも戦火が及ぶという噂が流れ、幾隻かの軍用船と一隻の病院船を使い、疎開が始まることになりました。

父がやって来ました。

「ここは安全だと思ったから引っ越しさせたのだが、ここも危険になってきたから病院船に乗って沖縄に帰りなさい。僕はあとの船で帰るから」

父は、本当にここを安全だと思って引っ越させたのでしょうか。今度は船に乗れというのです。母は身重の身体で、三人の子どもを連れて船に乗るなどということは考えられませんでした。

　母は父に逆らいました。

「小さな子どもたち三人を抱え、しかもこんなに大きなお腹をしているので、一人でこの子どもたちを守ることはできません。海も陸も危険ですから、どうせ死ぬのなら私は陸で死にたい。だからまだ絶対帰らない」

　しかし父は、

「男の子が二人いるから跡継ぎを残したい。一人でも生かしてくれ」と頼むのです。

その時代は、長男は跡取りとして重要視された時代です。

父のような人間でも、そんなことを考えていたのです。それでも母は聞き入れませんでした。

　すると父は、家にあった日本刀を持ち出してきました。

「言うことを聞かないのであれば、この日本刀で全員切り殺す！」

跡継ぎを残せと言いながら、今度は殺すと言うのです。

母は冷静に言いました。

「私の親は、あなたと結婚させたけれど、あなたに命を差し出すことまで許可しましたか？」

母に太刀打ちできなくなった父は、おもむろに母のリュックサックを持ち、有無を言わせず母と子どもたちを荷車に乗せました。

当時はリュックサックに必要な物を詰め、いつでも逃げられるようにしてありました。自動車はないので、父は牛に荷物を引かせる荷車を調達していて、母たちは無理やり荷車に乗せられたのです。連れていかれた先は港でした。

母は、臨月の近づいている身でとても不安でしたが、港に着いたら、父の姉と妹がいたのでとても安心しました。父の妹も、パラオ島に来ていたのです。

波止場で列をなして病院船に乗ろうとしているとき、アメリカ軍の飛行機が旋回してきました。機銃掃射されると思い慌てて避難しました。しかし飛行機は何もせずに帰っていきましたので、運良く無事に船に乗り込むことができました。

母にとってロタ島での八年間よりつらかった、二年間のパラオ島生活が終わったのです。

第二章　流　浪

八月五日、船は台湾に着きました。

上陸と同時に母は高雄病院に入院し、翌日私が生まれます。

私が生まれた日にも空襲があり、お産の直後、すぐに地下に逃げるように言われた母は、私と引き離されて地下へ行きました。空襲警報が解除されると、すぐに私のいる病室へ戻ってこられたのですが、空襲警報が鳴るたびに赤ちゃんを置いたまま逃げなさいと言われ、日に何度も地下と病室を行き来していました。産後すぐの身体で大変だったようです。

一週間後、母は高雄病院を退院させられて団体生活に入りました。

船を降りた日本人たちは、コウゼンドウというお寺に集められていました。

そのお寺で生活していたら、日本人がたくさんいることが敵にばれ、機銃掃射をされて、犠牲者が随分出ました。

機銃掃射で小さな子どもが撃たれ、腸が出てイタイイタイと泣き、その声は次第にか細くなり、やがて亡くなりました。中学生くらいの子どもも撃たれ、「お父さん、お母さん」と言いながら亡くなりました。手の施しようがなかったのです。

お寺には、親がいない子どもたちも多数いました。南洋の島で母親が亡くなり、父親は軍に徴用され、子どもたちだけで疎開していたのです。爆弾によって子どもたちも無残に殺されました。

のちのち語り継がれているように、機銃で撃たれた人が「天皇陛下万歳」と言いながら亡くなるということはありませんでした。「お母さん、お父さん」と言って亡くなっていったのです。

寺の境内に大きな木があり、その木の根をコの字型に囲み、防空壕をつくりました。出入口は両方にあります。

空襲警報が鳴り、狭い防空壕に避難するとき、小さな子どもを四人も抱えた母は、周囲の人たちに迷惑をかけないように気をつけていました。

台湾では食料の配給もなく、食料集めにも大変な苦労をしたようです。

マラリアや栄養失調で多くの人が亡くなっていきました。姉の洋子もマラリアにかかり、赤ん坊の私を抱えていた母はだいぶ心配しましたが、伯母が看病をしてくれたので、一命をとりとめることができました。

母はおっぱいが出ず、生まれたての私は極度の栄養失調に陥り、飢餓児に見られるようにお腹がぽっくり膨れてしまいました。その状態をクワシオルコルといいます。低たんぱく栄養失調で、肝臓が肥大し、腹水が生じてお腹が膨らむのです。重湯も何も受けつけません。

医者は近くにいないので、母は私をおんぶして、二時間ほど歩いて医者のところへ行きました。伯母が付き添ってくれました。

医者に診てもらうと、

「この子は胃を完全に洗浄しないと持ちません」と言われました。

「洗浄してください」と母が頼むと、「胃を洗浄するときは、この子の命が保証できない場合がある。一人で手術をすることを決めて子どもが死ぬと私が罰せられるから、保証人が必要だ」と言われました。

幸いに伯母が一緒に来てくれていたので、

「義姉を保証人としますので、手術をしてください」とお願いして手術が始まりました。

お尻から長いチューブを通して、胃の中を全部流しました。

「完全に胃の中を流しました。この子に水も何も与えないでください。夕方になったら水を飲まし、おっぱいを飲ませてください。そしたら治ります」

医者はそう強く言いました。

私は帰ってきても泣くことさえできず、小さくエー、エー、とだけ声を出していたそうです。胃の中に何もないから水を飲みたいのでしょうが、母は医者の注意を守りました。夕方六時に水をやり、そのあとおっぱいをやりました。

それまで母乳の出なかった母ですが、不思議なことにそのときは母乳が出たのです。母親というものは、子どものためなら奇跡も起こすのです。

それから私はどんどん元気になりました。母と、迷いなく保証人になってくれた伯母、勇気を持って治療を施してくれた医者のおかげで、私の命は助かったのです。

しかし胃が弱っていて固い便が出ない私は、夜中でも柔らかい便を出してしまいます。そうすると気持ち悪くて泣いてしまうのです。

戦争中ですから、夜中に蠟燭《ろうそく》をつけることすらできない中、母は私のおしめを替えることに苦労していました。また、柔らかい便は臭いので、狭い防空壕の中で周囲の人たちに大変迷惑をかけてしまいました。

赤ん坊ですからどうしようもできないのですが、皆さんずいぶん我慢してくれたのだろうと申し訳なく思っています。

昭和二十年三月二十六日、連合軍が慶良間島《けらまとう》に上陸。

米軍は上陸に先駆けて戦艦や巡洋艦から四万五千発の艦砲射撃を浴びせたほかロケット弾三万三千発、迫撃砲二万三千発、艦載機一千六百機による銃爆撃も行ったと言われ、やがて「艦砲《かんぽう》ぬ食ぇー残《ぬく》さー」と沖縄の流行歌にもなったように沖縄は焦土と化し、六月二十三日、牛島司令官の自決により現地守備軍が壊滅し、沖縄戦は終結したのです。

しかし、焦土と化した沖縄に帰る船はありませんでした。

まだまだ台湾にも空襲が続いています。

空襲警報が鳴ると狭い防空壕に逃げ込みますが、防空壕の中では皆の緊迫感が伝わるためか、赤ん坊の私は泣いてしまいます。私が泣くと、母が周囲の人たちに怒られます。泣かさないようにと何度も叱られるのですが、赤ん坊の私にはそんなことはわかりません。

母は私を泣かさないように、空襲警報が鳴ったらすぐに逃げられるように、私を床に寝かすことはありませんでした。母は私を四六時中おんぶしていました。つまり寝るときもおんぶしたままです。そしていつでも逃げられるようにリュックを側に置き、子ども三人を目の届くところに置いておきました。

私の胸には、母の背中の跡がくっきりとついていました。

それは、「漏斗胸」といって、胸の真ん中がへこんでしまう病気です。

私の漏斗胸が目立たなくなるのは、やっと六十歳を過ぎたころのことです。私の胸にはずっと母の背中の跡がついたままだったのです。

母は、私のへこんだ胸を見るたびに、戦争のことを思い出すようでした。事あるごとに、戦争は絶対にしてはいけないと言い続けていました。

「戦争というのは、勝っても負けても良いというものがない。人はたくさん死ぬし、食べるものさえもない」

母は常にそう言っていました。

あのころ、民間人が作ったお米は軍に供出させられ、民間人に回ってくるのは玄米がやっとでした。それでも玄米があればいいほうです。

母は、手に入れた玄米を一升瓶に入れ、つついて殻を取りのぞき、手間暇かけて白米にし、おかゆにして私に食べさせてくれました。私は胃が弱かったので、白米のおかゆしか食べられなかったのです。

私が生まれた一年後の昭和二十年八月六日、広島に原子爆弾が落とされました。続いて九日には長崎に原爆が落とされます。

そして十五日、太平洋戦争は終結しました。

戦争が終わっても、沖縄に戻る船はなかなか就航しませんでしたが、いよいよ沖縄に帰れることとなり、まずは先発隊として、宇良宗五郎さんを団体の長として青年三人が、これから沖縄に引き揚げる人々全員の名簿を携えて沖縄に帰りました。

それからしばらくして、母は父の姉たちとともに、飢餓寸前で辛うじて生き延びた私を含む四人の幼子を連れ、昭和二十一年十月、やっと沖縄に辿《たど》り着きました。

母は、台湾から船に乗り込むとき、これでやっと苦難も終わるのかと思い、晴れ晴れとした気持ちだったそうです。

辿り着いた沖縄の港で、船から降りた人々は収容所に入れられました。

母たちが収容所へ入ると、先に収容所にいた人たちの中に、知っている女の人がいることに気づきました。それは、ロタ島の料亭にいた女性でした。

複雑な間柄でしたが、知っている人に会った母は懐かしさを覚え、彼女と話をしました。

でも彼女が母に教えてくれたのは、驚くような事実でした。

父がすでに沖縄へ帰ってきていて、パラオ島で身請けした遊女のカズ子と所帯を持ち、父の母親と一緒に暮らしているというのです。さらにカズ子との間には子どもまでいると聞かされました。

さっきまで晴れ晴れとしていた母の気持ちはすぐに沈みました。

父は、パラオ島で母を病院船に乗せたあと、二十一年の二月まで島に残っていたようです。母たちが船に乗ったあとに起こったパラオ大空襲も、事前に日本軍が察知していたため、多くの戦艦が壊滅したものの民間人には被害はあまりなかったことから、父は何らかの方法で、パラオ島は安全だということを知っていたようです。

それからこれもあとで聞いたことですが、パラオで遊んで暮らしていた父は、母が貯めていたお金をすべて持って沖縄へ帰ってきていたそうです。それを母にはずっと黙っていました。

収容所では、本部出身者が集められ、全員同じバスに乗って本部方面へ帰ることになりました。バスの運行情報は事前に通達されていたので、母たちの乗ったバスが渡久地の役所に着くと、母の姉と父が出迎えに来ていました。

数年ぶりに再会できた喜びも束の間、父は母と伯母と私たち子どもを連れて家に帰りました。父に連れられて行ったところが、義母とカズ子とその子どものいる家です。

カズ子の抱えていた赤ん坊は男の子で、私より一つ年下でした。

父の家で、祖母と伯母と母とカズ子、そして子ども五人での生活が始まりました。母にとっては妻妾《さいしょう》同居の地獄です。一つ屋根の下で、父の愛人と一緒に住むということは、母にとっては筆舌に尽くしがたい屈辱でした。

そんな中、祖母と伯母は近くに家をつくり、二か月ほどで出ていきました。

母は毎日、女中みたいに台所で働かされました。

やがてカズ子から事あるごとに意地悪をされることに耐えられず、知り合いの人たちに頼んで茅《かや》を準備してもらい、父に掘っ建て小屋をつくってもらって移り住みました。

壁は茅とカバーで、板は使われていません。床はなく、寝るところにだけ板が敷かれています。風雨が入り、到底人が住めるような家ではありませんでした。

冬には隙間風がひどく、全員が風邪を引きました。台風のときには飛ばされた壁を段ボールでふさぎ、母と久栄は、一晩中起きて段ボールが飛ばされないようにしていました。

「床板を入れてください。壁もカバーですので、隙間風がひどく、かぶる毛布も分けてください」

　母は父に懇願しましたが、父は大声で子どもたちの前で怒鳴りました。

「君はなぜ生きて帰ってきたのか。全員死んだら良かったのに。子どもたちは僕が育てるから、君は早く出ていけ」

　このとき六歳だった洋子は、いまでもこのときの父の言葉をはっきりと覚えていて、これが自分の父なのかとがっかりしたと言っています。

　父が帰ったあと、母は子ども四人を一人で育てていくのは難しいと悩みに悩み、子どもたちを正座させて言いました。

「あなたたちは、いま、お父さんの言葉を聞きましたね。お母さんと一緒だと食べ物もないし、壁も床もない家で皆風邪を引いてしまうので、お父さんの所へ行きなさいね。お父さんの所へ行くと美味しいものも食べられるから。お母さんは、一番下の勝男を連れて出て行くから、兄妹仲良く皆元気でいるのよ」

　すると久栄が、すかさず言いました。

「お母さん、どこにも行かないで。お父さんの家でご馳走《ちそう》を食べるより、ここで、どんなものを食べてもよいから。僕たちが大きくなったらお母さんに絶対苦労をさせないから」

「お母さん出ていかないで。お母さんと別れるのはいや」

洋子も大声で言い、みんなで泣きました。

そこへ、一部始終を聞いていた隣の兼次のおばさんが来て、

「絶対に出ていったらいけないよ。カズ子がこの子たちを育てられると思うの？　絶対に育てられるはずはない。夫が生きていると思うから腹も立つ。戦争で死んだものと思い、この子たちを見て強く生きなさい」と母をなだめてくれました。

母は、子どもたちのために思いとどまったのです。

姉は、大人になったいまでも、その光景が脳裏から離れないと言っています。そのあとも父は何もしてくれませんでした。


しばらくして、台湾から帰ってきた母の甥の宏《ひろし》が、母たちがどんな生活をしているか見てくるようにと伯母や親戚から言われ、私たちの元にやって来ました。

「あきさみよー」

私たちの暮らしを見た宏は、まずそう言って驚きました。あきさみよーとは、びっくり仰天したときに使う沖縄の言葉です。あまりにひどい私たちの暮らしぶりに、宏はそれし

か言うことができなかったのです。

宏は、すぐに製材所から柱や板を集めてきて床や壁を作ってくれて、私たちはやっと暖かい家に住めるようになりました。

父からは生活費として一円ももらえませんでしたので、母方の親戚の桃原《とうばる》の喜納さんから畑を借り、親戚のナンジャーヤー屋（商店）の徳一さんやカンジャー屋（鍛冶屋）の米一さんに手伝ってもらい畑を作り、芋や大根、キャベツ、ネギなどの野菜を植えました。大きな芋やきれいな野菜を売って、小さな芋や売れそうにない野菜は自分たちで食べました。自給自足です。

豚を養っていた父が家に来て「芋をくれなさい」と言ってくることもありました。母が「ああ良いですよ」と言うと、帰っていった父の家からお手伝いの女の子が来て、袋いっぱいの芋を掘って持っていきました。母は父が欲しがるものは拒否しませんでした。

畑の借地料は一年に一回、母が支払いました。芋の植えつけは、母の甥の源甫《げんぽ》さんに手伝ってもらいました。

やがて父は漁船を二艘買い、漁民に貸し、魚を売る商売を始めました。料亭も経営するようになっていて、それは妾《めかけ》のカズ子に任せていました。

父が、「僕の船の魚を売りなさい」と言ってきたので、母はそうすることにしました。しかし母に割り当てられた分の魚をカズ子が横取りし、自分の家に持っていくのです。父はそれを知らず、帳簿を持ってきて母に怒鳴りました。

「売った魚の代金を渡しなさい」

母は魚を売っていませんので、代金などあるわけはありません。

「カズ子があなたの家に全部持っていったので、私には売る魚などありませんでしたよ」

母がそう言うと、父は黙って帰っていきました。

カズ子が母の魚を奪いに来るとき、近所の人がぞろぞろと集まってきて見ていることがありました。母が素直にカズ子に魚を渡すのを見て、

「本妻と妾が大喧嘩《おおげんか》をすると思ったさあ」

人々はそう言って散っていきました。

母は、欲しい人には渡せば良いし、喧嘩をするほどのものではないと思っていたのです。

日曜日になると、小学五年生になっていた久栄と母は隣近所の人たちと誘い合い、芋弁当を持ってウフドウの山へ行きました。朝八時から夕方の四時くらいまで、一日がかりで薪を採るのです。薪は食事を作るときに使う大切な燃料です。

私たちは、親戚や近所の方々に助けてもらいながら小さな家で暮らしていたのですが、その家は祖母の家の隣で、しかも料亭のすぐ側だったものだから、祖母にもカズ子にも虐められていた母は、渡久地から一キロくらい先の浜元《はまもと》という集落にある土地を、母の姉たちに借りてもらいました。

そこへ引っ越しをするために、甥の宏たち五人がその家を担ぎ、四、五百メートルほど担いで移動しました。休んでいるとき、村の長老が通りかかり、

「東風久士たるものが、本妻や子どもたちが住むこんなみすぼらしい家を、担がせて移動させているのか」と驚きました。

父はそのころ手広く事業を始めていたので、地元の名士になりかかっていました。体面を気にする父は、長老にそう言われたことで、私たちに茅葺き屋根の家をつくってくれることになりました。

新しい家で、母は子豚を養いました。

渡久地で父が経営する料亭の残飯をもらい、一斗缶にいっぱいに詰め、それを久栄と洋子が一本の棒で担いで一キロ以上の道のりを歩いて持って帰ってくるのです。姉が前で兄が後ろを担ぎました。

残飯は重く、二人の肩にはドスンと棒が食い込みます。ずっと同じ肩に担いでいると痛いので、右の肩、左の肩と交代に担ぎ、何度も休みながら運んでいました。

ある日、グルクンという魚が手つかずで残っているのを見つけ、ほかの残飯と離して持って帰りました。母に食べたいと伝えると、湯がきなおしてくれたので、みんなで美味しく食べました。

しばらくして姉が肋膜炎にかかりましたので、功とその役を替わりました。功はそのとき小学一年生でしたが、不平不満は一切言わず、一生懸命に重い残飯を運んでいました。

肋膜炎はなかなか治らず、母はおかゆやレバーの汁などを必死に食べさせて看病しましたが、普段からまともな栄養を摂っていなかったので治りは遅く、完治までに三か月ほどかかりました。

治療にあたっても父は何もせず、薬代さえ出しませんでした。

母は魚業商をしている女性に誘われて、浜元からすぐ前に見える伊江島《いえじま》より来る漁船から魚を仕入れて売ることになりました。

伊江島は、本部から五キロ先にある島で、島の東部に塔頭のように見える城山があり、通称・軍艦島とも呼ばれ、島のシンボルである城山のことは伊江島タッチューと呼んでいました。島の人たちは、グスクヤマと呼び、信仰の対象としていたようです。

母は、朝明けやらぬときから港へ行き、魚を仕入れ、行商へ向かいます。

「イユこーみそーれー、魚はいらんかねえ」

イユとは魚のことです。母はそう言いながら行商へ行っていました。

大きなバーキ（竹で編んだ籠）を頭に載せ、籠にめいっぱい魚が入るだけ入れ、浦崎《うらさき》から上って古島《ふるしま》に行き、ずいぶん遠い嘉津宇《かつう》のほうまでも歩いていきました。

それでも魚が売れ残ったとき、今帰仁《なきじん》の親泊まで売りに行き、友人の浦崎さんに残っている魚を買ってもらっていました。松明《たいまつ》を借りて家に帰ると、まだ幼い子どもたちが食事も炊けず、灯もつけず、蚊に刺されてごろ寝しているのです。

母はそんな子どもたちが可哀そうで、戦争から生きて帰ってきたのに何でこんなに苦しまなければならないのかと思い、涙を流しながら夕食を作ったときもありました。

寝ている私を起こし、ご飯を食べさせるのですが、一口食べてはコックリ、二口食べてはコックリという状態でした

「お母さんの帰りがあまりに遅いので、村はずれまで四人で迎えに行ったよ。またお父さ

んに出ていけと言われて、お母さんがいなくなったのではないかと心配した」

子どもたちが泣きべそをかきながらそう言うので、母のマツ子の涙は止まらなくなりました。


船が入港しないとき、マツ子は畑仕事をしました。

借用した畑に行き、芋や野菜を植え野良仕事をするのです。

私が五歳のころ、上の三人が学校へ行ってから、母に連れられ芋弁当を持って畑に行ったときに、遠足と思われるたくさんの生徒たちが近くを歩いていきました。

私はその行列に見とれていたのでしょう。彼らが通り過ぎてから、芋弁当を置いてあるところを見るとお弁当がありません。

私はお弁当を預かる役目でした。必死に捜しましたがありません。悲しくなり、泣きながら母に伝えると、

「仕方ないさ、みんなお腹が空いているんだから」

そう言って母は私の頭をなでてくれたのです。怒られなかったから余計悲しくなったのを覚えています。

母は「仕方ないね」との一言で、怒ることはしなかったのです。

しかし、お腹が減っても食べるものがなく、しかも畑仕事を懸命にしている母は、もっとお腹が減り疲れているだろうにと、私は悲しい思いでした。私も母もお腹を空かしながら帰りました。私の大きな思い出の一つです。

母は魚の行商と畑仕事で自給自足をして、子ども四人を養いました。

畑で採れる芋は葉っぱも柔らかくて、お浸しにして食べました。芋の茎はストローみたいに空洞になっていて、それを使って味噌汁《みそしる》をチュウチュウ吸って楽しんでいました。芋ばかりよく食べていました。もちろんお米もありましたが、兄や姉たちが学校へ持って行くお弁当も、ほぼ芋弁当です。

夕食後は、母から童話や沖縄の昔話を聞いたり、みんなで歌を歌ったり、遊戯やゲームをしたり、家の中にはいつも笑い声があり、貧しいながら楽しい平和な日々を送れるようになりました。

私たちの家は海のすぐ近くにあり、屋根は茅葺きでした。

台風が来たとき、家がうんと揺れ、屋根の一部が飛ばされました。

壁も飛ばされましたので、雨漏りがする中、母や兄や姉がずぶ濡れになりながら段ボールなどで必死に押さえていました。

台風が過ぎ去ると、村のほとんどの人たちが、茅や古い板を持ち寄って屋根も壁も直してくれました。

そのころは「結」といって、小さな村には人々が助け合って生きる精神があったのです。台風が来ると大変でしたが、そのころのことは不思議と幸せだった記憶として思い出されます。

そうそう、それからトイレは外にありました。当時の一般的な造りです。用を足したあとは、大きな木の葉っぱで拭くのです。

それから海辺に降りていき、いまの「美《ちゅ》ら海《うみ》水族館」のあるほうへ歩いていくときれいな砂浜があり、砂浜を掘ると小さなエビがトントンと飛び出してきましたので、それを取って家に持って帰りました。母が味噌汁にしてくれて美味しく食べたことを覚えています。波打ち際の大きな岩の周囲に、モズクがへばりついているのを見つけたこともありました。

年に一度の村祭りの日、村の神社の大きなガジュマルの樹の下で芝居が催され、お神酒《みき》が配られました。芝居に出る役者は、村の若者たちです。彼らが琉球の若者衣装を着て、首里の神社に願掛けをしている劇を見た記憶があります。

「上り口説、『ぬぶぃくどぅち』」という踊りを踊っていました。薩摩の国へ出発するときに、首里の玄関口にある観音堂というお寺に願掛けをする踊りです。

神社で供されるお神酒は、子どもたちも飲むことができました。白くて米粒が交じっていたので、たぶん甘酒だったのだと思います。母から一升瓶を預かった私たちは、走ってお神酒をもらいに行きました。

一升瓶にお神酒を入れてもらうと、大事に家に持ち帰り、そしてまた神社に引き返し、祭り会場でもらった引換券で、麦粉に黒糖を混ぜた甘い「ハッタイコ」をもらい、その美味しい粉を舐めながら村芝居を見るのです。

神社へ行く道には小さな川があり、その川でよく沢ガニを採って遊んでいました。沢ガニを採っているとき、功が川の中のガラスで足を切り、高熱を出したことがあります。破傷風にかかってしまったのです。近所の人が、功を隣町の医者に担ぎ込んでくれましたので、一命をとりとめることができました。

功はまた、友だちに借りた自転車で坂道を猛スピードで降りてきて転び、顎を切ってしまったこともあります。五センチほどの顎の傷は大人になっても残っていましたが、功は髭《ひげ》を伸ばして傷口を目立たなくしていて、その姿はとてもかっこ良く思えました。

功はやんちゃでしたが、身体の小さな私にいろいろなことを教えてくれました。功と二人で波打ち際で遊んでいたとき、波に削られてできた洞穴の中に人骨を見つけたことがあります。そこは風葬をしていた場所で、昔はみんな、死んだら洞窟へ置かれ、風化して自然に還っていたのです。

しかし、功がふざけて私の耳に小豆を入れたときは、さすがに母に怒られていました。耳の中の小豆は、必死で取り出そうとすればするほど奥へ入ってしまい、私は大泣きしたのです。小豆は、焼いた裁縫針を使って母が取り出してくれました。

やんちゃで力が強かった功は、二歳下の私をよくからかっていて、私はよく泣かされていました。そのたびに姉がかばってくれて、なぐさめてくれました。

末っ子でひ弱で甘えん坊だった私ですが、一度だけ功を泣かせたことがあります。兄弟で鬼ごっこをしていたとき、私が鬼になりました。私は功が茶箱の中に隠れたのをこっそり見ていて、茶箱の蓋の上に乗っかりました。功が泣くまで私は下りず、子どもながら「してやったり」といった気持ちになったことを覚えています。

兄たちに連れられ、海で泳ぐことになった日に、泳げない私は早速溺れかけてしまいました。かなりの海水を飲んだため、その後は水が怖くなってしまい、私は大人になっても五十メートル泳ぐのがやっとです。

母の親戚から、本部の中心・渡久地にある映画館の本部劇場に連れていってもらったことがあります。それは弁士のいるトーキー映画でした。スクリーンに映し出される無声の動画に合わせ、弁士が役者たちのセリフを言ったり、状況を説明したりするのです。はじめて映画館で観た映画は、紙芝居を大きくしたもののように思えました。同時上映していたのは、人気歌手の春日八郎さんが歌っている映画でした。

夏休みには、久栄が野原《のばる》村に連れていってくれました。野原村は山の手にあり、伯母さん一家が住んでいました。久栄は昆虫採集が大好きで、野原村にはたくさんの昆虫がいたのです。熱心に虫を追うあとを、私は必死に追いかけました。

伯母さんが、粟《あわ》でつくったムーチー（おもち）や、大麦でつくられた香ばしいハッタイコを食べさせてくれていたとき、ちょうどヤギのお産が始まって、伯母さんと一緒に見に行きました。

メーメーと苦しそうに鳴いているお母さんヤギの股間から、白い透き通ったぬめりのある袋がぶら下がっていました。その袋の中に、かすかに動いている赤ちゃんヤギが見えています。しばらくじっと見ていると、赤ちゃんヤギが静かに地面に落ちました。そしてお母さんヤギが赤ちゃんヤギの体をやさしく舐めると、ぬめりはきれいに取れました。

私は感動してずっと見ていました。自然の神秘を見ているような気がしたのです。

赤ちゃんヤギは生まれてすぐに、かわいい声でメエメエ鳴きながら、とってもか細い前足で、一生懸命に立ち上がり始めました。同じようにか細い後ろ足が、大地をしっかり捉えようとするのですが、なかなかうまく立ち上がれません。

それから私は三十分ほど応援していたと思います。赤ちゃんヤギは、なんとかやっと立ち上がり、おぼつかない足取りでよろよろと歩き始めました。私は感動し、思わず拍手をしました。三時間くらいあとにまた見に行ったときには、赤ちゃんヤギはもうしっかりと歩いていて、鳴き声もしっかりしていて、ええっと声を上げてしまうくらいびっくりしてしまいました。

久栄は、野原村から帰ったあと、採った昆虫たちにアルコールを注射したあと標本にしました。セミ、カナブン、バッタ、トンボ、ナナフシ、カマキリ、カミキリ虫など、器用に昆虫たちを一匹ずつ針で挿し、箱にきれいに並べました。それはそれは見事な標本箱ができあがりました。

五歳のころのことだったと思います（私は幼稚園に通った記憶がありませんので、そのころ幼稚園があったのかわかりません）。

「勝坊、早くついて来なさい」

二人の兄に連れられて浜元小学校に行きましたら、軍のトラックが来ていて、アメリカ兵がビタミン剤やチョコレート、ガム、お菓子などをトラックから配っていました。

私は小学生でもないのに、トラックに乗っているアメリカ兵へ向かって精一杯手を差し出していました。

アメリカ兵は、見るからに栄養失調の、幼な幼なした靴も履いていない貧しい子どもの私をめがけ、物資をいっぱい投げてくれました（私は靴を持っていませんでしたので、履き古した下駄を履いていたのです）。身を乗り出して私に手渡してくれる人もいました。

とってもうれしかったですね。チョコレート、ガム、ビタミン剤、そのほかにも甘いお菓子などなど、すべてがはじめて食べるものでした。こんなに美味しい食べ物が世の中にあるのかと驚きました。

実は最初ビタミン剤を口に入れたとき、舐めていると次第に苦くなってきて、それをペッと吐きだし、また次のお菓子を口に入れたのです。いま思うと、もったいないことをしたものです。

この光景は、いわゆる「ギブミーチョコレート」です。テレビで戦後のドラマが流れ、子どもたちがアメリカ兵にチョコレートをねだったりする場面があると、当時の記憶が懐かしく思い出されます。

大きくなって姉に「なぜ行かなかったか?」と問うと、「若い女や娘はアメリカ兵に連れていかれると言われたから行かなかった」とのことでした。

私たちの生活はとても貧しい暮らしでしたが、母がいて、兄がいて、姉がいて、そのころの我が家には、かけがえのない幸せな時間がありました。

しかしそんなある日、母が血痰《けったん》を吐きました。

前の家に住んでいたときから痰が出ていて、渡久地の診療所で診てもらったら肺結核という診断を受けていましたが、父から一円ももらえず、子ども四人を抱えていましたので働かざるを得ず、浜元に移ってからも働き詰めで、無理がたたって悪化させてしまったの

です

肺結核が悪化した母は、ストレプトマイシンという抗生物質を注射することになりました。

昔の結核患者にとって、ペニシリンという薬ができたときに希望が見えましたが、ストレプトマイシンはその次にできた薬で、ペニシリンより効き目があると言われていました。父は、医者から夫の義務だからと通知され、渋々五本分だけお金を出してくれたのですが、少量ですから治るはずがありません。

そのころは、ストレプトマイシンの投与は一日一グラム、週二〜三回、あるいは、はじめの一〜三か月は毎日静脈注射、そのあとに週二回筋肉注射をするというのが通常の結核の治療方法でした。母はストレプトマイシンを五本打っただけです。

日に日に弱っていった母は、ついに金武《きん》の保養所へ入ることになりました。

母が入院したのは私が小学一年生の一学期、正確には昭和二十五年六月のことです。

学校から帰ってくるとき、荷物を入れた風呂敷を抱えた母がちょうどバスに乗り込むのが見えて、ただごとではない予感を覚えました。

「お母さん、お母さん、お母さーん！」

私は母を呼びながら、バスが見えなくなるまで追いかけました。

母はバスの最後尾から、ずっと私を見ていたのを鮮明に覚えています。

父はそのころ渡久地の料亭を売り、カズ子と一緒に那覇市の隣の真和志村《まわしむら》へ移っていました（真和志村はのちに那覇市と合併して那覇市となります）。父が売った料亭は、母が南洋の島で必死に働いて貯めていたお金を使って買ったものでした。

残された四人の兄姉弟は、母の姪《めい》の文子《ふみこ》さん夫婦に面倒をみてもらうことになりました。私たちは文子姉さんと呼んでいました。

小学五年生だった姉が、二時間ほどバスに揺られて那覇にいる父の所に生活費をもらいに行きましたが、一度ではもらえませんでした。

甘えん坊で泣き虫だった私は、母がいないので寂しかったですね。姉から随分慰めてもらいました。文子姉さんも、幼い子どもたちの面倒をみるのは骨の折れることだったと思います。

父に生活費をもらうために姉は何度も那覇へ通いましたが、渡してくれないときは、文子姉さんが行って、生活費の詳細を話してからもらってきました。

しかしやがて文子姉さんもなかなかもらうことはできなくなってきて、困り果てた文子姉さんは、あるとき私たち四人を座らせてから申し訳なさそうに言いました。

「あなたたちのお父さんがお金を渡してくれないので、あなたたちを育てることができなくなりました。あなたたちは、那覇のお父さんの所へ行くしかないんです」

母が入院してから半年ほど、文子姉さんはがんばってくれましたが、ついに限界が来たのです。私たち四人は、那覇の父の元へ行くことになりました。

一年生の三学期、那覇にいるほとんど会ったことのない父の元に引き取られました。

父は真和志でカズ子と料亭をしていました。

父はまた、カズ子とは別の女に別の場所で料亭をさせていました。表現がとっても悪いのですが、ほかに言い表せませんので書き記します。父は常に女を二人手元に置く癖がありました。私が小学一年生の二学期ごろに、カズ子とは別の女とも一緒になっていたようです。

もう一人の女の名はハツ子といいます。

父は、カズ子とハツ子、二人の女の間を行ったり来たりしていたのです。

ハッ子には子どもがいませんでしたので、ハッ子が私たちの面倒を見てくれることになりました。

ちょうど学校のすぐそばに、廃業した古い料亭がありましたので、それを父が購入し、私たちはそこで暮らすことになりました。

その家は小学校の裏門のすぐそばにあり、始業ベルが鳴ってから家を出ても間に合うほどでした。久栄をのぞき、三人はその大道小学校へ通うことになりました。久栄が通う中学校は、小学校から道を隔てたところにありました。

私たちは、廃業した料亭の看板がまだかけられたままの古い家で寝起きし、ご飯はハッ子の料亭まで食べに行くのです。ハッ子は子どもがいなかったからか、私たちに親切にしてくれましたし、私たちにちゃんと小遣いまでくれました。

私は、ほとんど会ったこともない父のことを「お父さん」と呼べず、はじめは「おじさん」と呼びましたが、これから生きていくには「お父さん」と呼んだほうがいいと幼心にも感じ、すぐに「お父さん」と呼ぶようになりました。

私たちはハッ子のことを、「ハッちゃんおばさん」と呼んで頼りにするようになりました。

ハッちゃんおばさんは、私たちを遊園地に連れていってくれました。久栄は、地面に叩《たた》きつけるとパンと鳴る爆竹を買ってもらい、ポケットいっぱいに詰め込んでいました。そのあとで兄たちとお化け屋敷へ入ることになり、臆病な私はとても怖かったのですが、勇敢な兄二人に連れられて、恐る恐る入っていきました。

暗がりからお化けが出てくると、私はひゃあっと兄たちの後ろに隠れました。するとし久栄が、ポケットに入れていた爆竹を地面に叩きつけました。

パンパンパンと、爆竹が狭いお化け屋敷の中で炸裂《さくれつ》し、お化けたちが我先に外へ逃げ出しました。それを見ていた私は、なんだ、お化けは人間だったんだと気づいたのですが、私たちは遊園地の人たちにこっぴどく怒られてしまいました。

それでも私はとても楽しくて、ずっとクスクス笑っていました。ひとときでも母の不在の寂しさを忘れることができたのです。

私たちはいつもはハッちゃんおばさんの料亭の厨房で賄いのようなご飯を食べていたのですが、あるとき、ハッちゃんおばさんがこっそり、料亭の客間に私たちを呼んでくれたことがありました。

ハッちゃんおばさんは、私たち兄姉弟をお客さんのようにもてなしてくれて、ご馳走を出してくれました。これまで、芋や芋の葉の味噌汁などを主食としてきた私たちにとって、はじめてのご馳走です。お客さんの残り物だけどと言って出してくれた大きなエビを見たとき、私は歓声を上げました。

私はハッちゃんおばさんに慌てて口を押さえられ、静かにするよう叱られました。隣の座敷にはほかのお客さんがいたのです。みんなで感嘆しながら大きなエビを食べました。これまで食べたこともないような肉や魚を目の前にして、私たちはうれしさとともに、母にも食べさせたいと思いました。

ハッちゃんおばさんは、一番小さかった私を特に可愛がってくれました。

朝目覚めると、枕元にミカンが置いてあることがありました。なんでミカンが枕元にあるのか聞いてみると、「おめざだよ」と言って、ハッちゃんおばさんは微笑んでいました。目覚めてすぐに美味しいミカンが食べられるなんて夢のようでした。

小学二年生になった私は、ガキ大将として近所の子どもたちを仕切っていた功に連れられ、防空壕やお墓でよく遊びました。

郵 便 は が き

料金受取人払郵便

新宿局承認

2524

差出有効期間
2025年3月
31日まで
(切手不要)

160-8791

141

東京都新宿区新宿1－10－1

(株)文芸社

愛読者カード係 行

ふりがな お名前				明治 大正 昭和 平成	年生 歳
ふりがな ご住所	□□□-□□□□				性別 男・女
お電話 番 号	(書籍ご注文の際に必要です)	ご職業			
E-mail					
ご購読雑誌(複数可)			ご購読新聞 新聞		

最近読んでおもしろかった本や今後、とりあげてほしいテーマをお教えください。

ご自分の研究成果や経験、お考え等を出版してみたいというお気持ちはありますか。

ある　ない　内容・テーマ(　　　　　　　　　　　　　　)

現在完成した作品をお持ちですか。

ある　ない　ジャンル・原稿量(　　　　　　　　　　　　　　)

書　名			
お買上 書　店	都道　　　　市区 府県　　　　郡	書店名	書店
		ご購入日	年　　月　　日

本書をどこでお知りになりましたか?

1.書店店頭　2.知人にすすめられて　3.インターネット(サイト名　　　　)

4.DMハガキ　5.広告、記事を見て(新聞、雑誌名　　　　)

上の質問に関連して、ご購入の決め手となったのは?

1.タイトル　2.著者　3.内容　4.カバーデザイン　5.帯

その他ご自由にお書きください。

(　　　　)

本書についてのご意見、ご感想をお聞かせください。

①内容について

②カバー、タイトル、帯について

弊社Webサイトからもご意見、ご感想をお寄せいただけます。

ご協力ありがとうございました。

※お寄せいただいたご意見、ご感想は新聞広告等で匿名にて使わせていただくことがあります。

※お客様の個人情報は、小社からの連絡のみに使用します。社外に提供することは一切ありません。

■書籍のご注文は、お近くの書店または、ブックサービス(0120-29-9625)、セブンネットショッピング(http://7net.omni7.jp/)にお申し込み下さい。

ある日、防空壕の前で集合して肝試しをしました。防空壕の奥には多数の人骨があったのです。

ロウソクにマッチで火をつけ、最初の子が一人でロウソクを持って、防空壕の奥にある人骨を取ってきて入口の前に置きます。そして次の子が、その人骨をまた一人で奥に持っていくのです。

ロウソクの火が消えたときは、すぐに引き返すことが鉄則だと言われていました。

確かに壕の中は、ロウソクが消えると真っ暗になることもありますが、暗くなるからというより、吸う酸素がなくなるからすぐに引き返さないといけないのだと大きくなってからわかりました。子どもたちがそのとき、それをわかっていたのかはわかりません。

そしてこんな死者を冒瀆《ぼうとく》するような遊びをしていたことを、大人になってから随分と反省しました。

そのころの那覇には、「カーミナクーバカ」といって、亀甲の形をした屋根のある巨大な遺跡のような墓があり、墓の上に登ったり隠れたりして、よく鬼ごっこをして遊んでいました。

草ぼうぼうの道には、薬莢《やっきょう》もたくさん落ちていて、それを拾って二人の兄にあげることもありました。久栄はどこで習ったのか、それで首飾りを作っていました。

また自作の独楽《こま》で鬼ごっこもしていました。

独楽を紐《ひも》で回し、手の平で受け、回っている間に相手を捕まえるのですが、私は手で受けて走っているときに手から落とし、急に止まることができずに足で踏んづけ、独楽が足裏に突き刺さってかなり痛い思いをしました。

三年生のころ、小学校の校庭で映画を観た記憶があります。

夜に学校へ集合して、不思議な映像を観たのです。それは、植物の種が地面から芽を出し、花が咲き、散っていく、自然の神秘が映された映像でした。当時の私は、それがフィルムを早送りした映像であることにまったく気づきもせずに、こんな短時間で種が花を咲かせて散っていくなんてと驚きながら、一心に見入っていたことを覚えています。

私が四年生になる年、久栄は那覇高校に入学しました。


母のいない暮らしでも、私たちがなんとか無邪気に子どもらしい生活を送ることができたのはここまでです。

父がまた新しい女をつくり、女癖の悪い父に嫌気が差したハッちゃんおばさんが出ていくことになったのです。

私は知らなかったのですが、ハッちゃんおばさんは私を養子にしたいと願っていたようです。父が取り合わなかったことをあとで知りました。

ハッちゃんおばさんがいなくなると、姉はハッちゃんおばさんの行方を捜しました。

あちこちの知り合いに頼んで捜してもらっていましたが、しばらくして文子姉さんから、ハッちゃんおばさんがコザの旅館にいるということを知らされました。

姉と私は、日曜日に訪ねていきました。

その旅館へ行きましたら、ハツ子という名前の女性はいないと言われました。

しかし旅館の方が親切にも奥へ向かって、

「子どもたちが訪ねてきているが、誰か心当たりのある人はいないか？」と声をかけてくれました。

返事をして出てきたのは、ハッちゃんおばさんでした。

ハッちゃんおばさんは、名前を愛《あい》と変えていました。

お互いにびっくりしました。

そして姉が、ハッちゃんおばさんに帰ってきてほしいと頼むと、困ったような顔でこう言いました。

「私は帰らないから、あなたたちは二度とここに来ちゃだめよ」

それからハッちゃんおばさんとは音信不通になりました。

私たちがまた訪ねてくるかと思ったのか、旅館を辞めて行方がわからなくなったのです。

いま思い出しても、ハッちゃんおばさんだけはとっても良い人でした。

大人になってからも、ハッちゃんおばさんのことを思うたび、あのときはやさしくしてくれてありがとうとお礼を言いたい気持ちでいっぱいになります。

そのころカズ子には、三人目の子どもが生まれていました。一番上は男の子で、下二人は女の子でした。私より一つ年下の男の子は、思春期に精神を病み、高校生になったころには入院し、その数年後に自殺したと人づてに聞いたのは、私が大人になってからのことです。

その後の彼についてては直接知らないので、それが本当のことであるのかはわかりません。私は彼と一度どこかで会ったような気がしますが、定かではありません。何しろ交流はまったくありませんでした。

しかし、複雑な環境に育った彼が精神を病んでしまったというのは理解できないことではありません。父の子どもとして生まれてきた子どもたちには何の罪もありませんが、傍若無人な父の暮らしぶりを見ていると、周りの人間が心を病んでしまうのは無理もないことだと思えるのです。

そうして、私たちに苦難の時代が訪れるのです。

沖縄に、琉球政府が設立されたころでした。

第三章　本当の苦難のはじまり

保養所に入った母は、子どもたちと離れ離れになったことがつらくて、はじめのうちは泣いてばかりいたようです。

そのころの母の日記にこう書いてありました。

「一番下の小学一年生の勝男は、学校から帰ってきて、私が家にいると膝の上に座るような子でしたから、小さい子どもを含めた四人の子どもたちを親戚の若夫婦に預けて入院したので、毎日泣いて暮らしています」

母が入所した結核保養所は、昭和二十三年に開設された保養所で、金武村の丘の上にありました。病棟は米軍払い下げのコンセットです。コンセットとは、組み立て式の米軍の兵舎のことで、カマボコ型をしています。

コンセットは何棟も連なっていました。そこは沖縄全体から集められた結核患者でいっぱいでした。

そのころの様子を、母の日記から抜粋してみます。

※

名護病院やコザ病院から移ってきた患者たちは、入院費は最初から無料でしたが、家庭から直接入院した患者は、三か月は食費も有料で、それ以後は無料であるという決まりがありました。家庭から直接入院した私だけ納めるお金がなく、夫に頼んでも長い間納めてくれませんでした。

この療養所には、毎週カトリック教会やバプテスト教会、セブンスデー教会と、いろいろな教会の先生方が来られ、キリストのお話を聞くことができました。津嘉山澄子先生、その他の先生方、そうそう、賀川豊彦先生もお見えになりました。神様を知らない私は、クリスマスはアメリカのお正月だと思っていました。

先生方のお話を聞いて、聖書を読むことと祈ることを教わりました。私以外の患者さんたちは親族などが毎月面会にも見えて、食費も持ってきてくれているのですが、私の夫は食費さえも持ってきてくれません。

看護婦さんに聞きますと、「東風さんだけですね」と言われて、泣きたい気持ちでいっぱいでした。

その日から神様に、「夫が食費を持ってきてくれますように」「姪に預けている子ども四人を早く引き取ってくれますように」「夫の心を開いてくださるように」と一心に祈ったのです。

何か月か経ったある日、療友が大声で、「東風さんのご主人が子どもを連れていらっしゃったよー」と言うので、びっくりしてベッドから身を起こして見ますと、我が子四人の姿があるではないですか。

胸が張り裂けんばかりでした。

夫は部屋に入ってくるなり、「何はさておいてもこちらの食事代を払わないと君に恨まれる。毎日夢枕に君が立って、早く食事代を納めてくれるようにと頼まれて悩まされている。だからお金を納めにきた」と言うのです。

このことがあって初めて、天には神様がおられること、お祈りが聞き届けられることを知りました。私がお祈りする朝の五時ごろ、夫はまだまだ就寝中ですので、神様は夢を見させて心を開いてくださったのだと思います。

※

それは私が小学二年生の夏休みのことでした。

父に連れられ、真和志村からバスに乗り、でこぼこ道を二時間以上揺られました。

金武のバス停で降りると、民家はほとんどなく、米軍のコンセットが多数連なっているのが見えました。バス停から収容所までもでこぼこの埃《ほこり》漂う道でした。道の周囲は草が連なっていました。

保養所の門があり、おぼろげな記憶ですが門番小屋があり、そこで受付をしないといけませんでした。

そのころの結核は不治の病といわれ、治療がまだまだ確立できていない国民病のようなものでした。空気感染をしますから、結核療養所での管理は厳重だったのです。

受付を済ませ、療養所の門を通り、コンセットの連なる敷地内へ入りました。

金武の結核療養所は高台にありましたので、海辺を眺めていると、奇声を発している人が走っているのが見えました。保養所の近くに精神科病院があったのです。

海辺には砂浜が広がっていて、海は穏やかでした。

いまでもその海辺の光景を思い出します。金武の結核療養所は一九四八年八月に開設され、翌年には同じようにコンセットを改良した沖縄精神病棟が開設されたようで、母が入院していたころは、両方とも開設間もないころです。

子どもは病棟に入ることはできませんでしたが、母に逢えるうれしさで、遠くに広がる風景をずーっとウキウキと眺めていました。

しばらく海辺の景色を眺めていると、面会の許可が出ましたので、病棟に入れるかと思いましたがやはりそれは無理で、病室の庭に行くように言われました。

母とは窓越しでしか話ができませんでした。

しかし、久しぶり見る母は色白になっていて、しかも涙をこらえている姿がとてもうつくしく見え、子どもながらとても胸がときめいたのを覚えています。

すぐにでも抱きしめてもらいたい衝動に駆られましたが、母に触ることはできず、頭を撫でてもらうこともできませんでした。私は、母が入院するまで甘えん坊で、母の膝を独占していたのです。

母の部屋の窓辺に、一輪の白百合がコーラ瓶に飾られていました。

そのときから私の理想の女性は母であり、生涯を通して間違うことなく一番好きな花は白百合です。

母が病室で祈っていた、「子どもたちを父が引き取って育てること」「子どもたちが幸せに暮らすこと」。それは短期間ではありますが、ハッちゃんおばさんの存在によって叶うことになりました。

大人になって、保養所で母が祈ってくれていたことを知ったとき、父にハッちゃんおばさんを会わせたのは母だったのではないかと思うこともあります。

私たち兄姉弟は、ハッちゃんおばさんがいた間だけは、少なくとも子どもらしく幸せに過ごすことができていたのです。

保養所に入ってから二年後、母は退院することになりました。

退院とはいっても、完全に結核が治ったわけではありません。

その時代、療養所の入所者のほとんど全員が無料でストレプトマイシンの薬物療法と気胸の外科療法を受けましたが、全員が完治するわけではありません。

療養生活を続けていた患者さんたちの中で、治る見込みのない人、もしくは薬の効いてきた人たちは強制退院させられていました。強制退院させないとほかの患者さんの治療ができないほど、当時は結核患者があふれていたということです。

帰る家などない、行く当てもない母は途方に暮れました。父がなんとかしてくれるなんてことは、天と地がひっくり返ってもあり得ないことです。

そんなとき、仲良くなっていた療養仲間の八重さんが、退院したら一緒に住まないかと母を誘ってくれました。

八重さんの家は首里にあり、八重さんの夫が、退院する妻のために、家の近所に二間の古いトタン小屋を用意してくれたので、そこに一緒に来ないかと誘ってくれたのです。社会がまだ結核を受け入れなかったころのことです。結核は空気感染や飛沫《ひまつ》核感染により拡大するのですから、隔離されるのは当然だったのでしょう。

八重さんは、一人で療養するより気の合う母を誘ってくれたのでしょうが、母にとってはとってもありがたかったに違いありません。何しろ父がお金をまったく渡してくれなかったのですから。

八重さんの夫の許しも出ました。八重さんの夫は、二人のために住み込みの家政婦さんを雇ってくれたので、八重さんと母は、八重さんの首里の家で療養生活を始めることになりました。

家政婦さんは七十代の女性で、怖い病気と言われていた結核患者が二人もいる家に住み込んでくれて、二人は本当に感謝していました。

八重さんの夫は裕福な暮らしをしていたわけではなかったのに、お金のない母のことまで引き受けてくれてとても助かりました。

母と八重さんの療養生活が始まったのは、私がまだ無邪気にハッちゃんおばさんに可愛がってもらっていたころのことでした。


私が小学四年生のとき、高校を卒業したばかりのユキ子という名の女が、父を頼って田舎から出てきました。ユキ子の両親は、父と母が南洋の島にいたときに近所に住んでいた顔馴染みで、あちこちに顔の利く父に、娘の仕事先を紹介してほしいと娘を預けることにしたようです。

私が四年生になる前の春休み、父は真和志村議会選挙に出馬して、村議会議員になっていました。父は三十九歳でした。

何しろ父は外面が良かったし、料亭を二軒もやっていたため顔が広かったのです。母や私たちのことはないがしろにしていたというのに、自警団を組織して警察から表彰されてもいました。

そしてその年の十月、真和志村が市に昇格したことで、父は市議会議員になりました。女好きの父が、若いユキ子と深い仲になるには時間はかかりませんでした。

それからの私たちの境遇はかなりひどくなっていきました。いまではあまり思い出したくはありませんが、書き留めておきたいと思います。

父にとって、私たちは厄介者だったのでしょう。

次第に、父の私たちへの風当たりが強くなってきました。

「殺してやる」と、包丁を持って追いかけられたことも幾度かあります。箒《ほうき》でずいぶん叩かれました。数え上げたらきりがありませんが、いくつか拾い上げてみます。

ユキ子が家に入ってきてしばらくして、高校一年生だった久栄が、父とユキ子の仲が普通ではないと察し、ユキ子に「出ていけ」と言って追い出そうとしました。

しかし私たち四人は父にかなり殴られ、父が包丁を持ち出してきたので逃げ出しました。父は私たちを見ると必ず罵声を浴びせ、包丁を取り出すか、モノを投げたり、ぶん殴ったりしました。小さかった私たちにはどうしようもできなかったのです。

ユキ子にどんどん入れあげるようになった父は、議員の仕事をしていたはずなのに、しばらくユキ子と二人で姿を消していたこともあります。

そして、父に愛想を尽かして出ていったハッちゃんおばさんの代わりに、ユキ子に料亭を任せることになりました。

しかし、高校を卒業したてのユキ子に、料亭を切り盛りすることなどできません。でたらめに威張るユキ子に我慢できない板前さんや仲居さんたちが次々に辞めていき、料亭の経営はすぐに立ちゆかなくなりました。

ユキ子があまりに若く、料亭を切り盛りしていけないと見た父は、料亭を売り払い、安《あ》里《さと》に移って米屋を始めることを思いつきます。

当時は米屋で軍事物資も配給していたので、そこに商機があると見た父は、琉球政府経済局指定を受けることに成功し、米販売店を開業することになりました。

そして父は料亭の権利を人に譲り、その代金で新しい事業を始めるのです。カズ子に任せていた料亭はそのまま続けていたようです。

父は安里にコンクリート二階建ての家を建て、米の販売店を始めました。

米の販売店では、小売店や割烹、料亭や食堂などに米を卸し、一般客にも量り売りしていました。

コンクリート造りの家では、一階が店舗で、二階が住居でしたが、私たち四人は屋上に追いやられました。

解体した家のトタンや板を父がもらってきて、屋上に四畳半の部屋をつくりました。そこには折りたたみの卓袱台《ちゃぶだい》があるのみ、ほかには何もありませんでした。

小学生だった私と功は、学校に行く前に店の掃除と二階への階段の掃除を義務付けられました。

学校から帰ってくるのが遅くなったり、朝の掃除が行き届いていなかったりすると、必ずというほど箒でぶたれ、皮膚が真っ赤に腫れ上がりました。

中学三年生になると、米俵を担いでトラックに乗せたり下ろしたりの重労働を手伝わされるようになりました。米俵は一袋何キロだと思いますか？

一俵六〇キロ、もち米だと一〇〇キロ、私の体重よりも重いのです。

その俵を一日に何袋も一人で担ぐのですから無理がたたったのでしょう、やがて首や背骨の異状に悩まされるようになりました。大人になってから検査をすると、頸椎・腰椎椎間板狭窄症、脊椎湾曲症と診断されました。つまり首や背中の骨がつぶれているのです。いまでもうつ伏せになると首が痛く、三分も持ちません。

姉は、父とユキ子が暮らす二階の住居の掃除が日課でした。ほどなくしてユキ子が女の子を産んだので、その子の世話も姉の仕事になりました。

高校二年だった久栄は、まるで番頭さん並みに働かされていて、本物の番頭さんと一緒に車の助手席に乗り、配達の仕事までさせられていました。

毎日毎日重労働をしてクタクタになっても、私たちにまともな食事は与えられませんでした。

働かざるもの食うべからずというのが父の信条でしたが、私たちに与えられる食事はご飯だけでした。ですから各自、お茶碗に味噌を入れ、鰹節《かつおぶし》を削って入れ、お湯をかけてかき回しただけの味噌汁を作って飲みました。私たちはこれを「鏡汁」と呼んでいました。なぜならかき回してしばらくすると、自分の顔がお椀に映るからです。

米屋ですから、米は食べられましたが、父たちは沖縄産の米を食べ、私たちは外米です。ビルマ米やカリフォルニア米などを食べていました。

私たちが台所でそんな質素な食事をしている横で、ユキ子は平然と美味しそうな匂いをさせておかずを作り、自分たちの座敷へ運んで食べていました。私たちに分け与えるなんてことは一度もありませんでした。

学校へ持っていくお弁当は、ご飯とあぶら味噌だけです。それも週三回ほど。あぶら味噌とは、脂身の多い豚肉を、その脂だけでフライパンで炒め、ラードをとったカスに少しの砂糖と味噌で味付けしたものです。冷えると脂が白く浮くので、お弁当の時間には脂を食べているような感じがします。それでもおかずがあるだけマシでした。

台所には食材が豊富にあるのですが、勝手に使うとユキ子が父に伝え、父からさんざん怒られるので、私たちは殴られるのを避けるため台所の食材には手をつけませんでした。


あるとき、冷蔵庫にあったジュースがなくなったとユキ子が父に言いつけ、私たち四人は父の前に座らされました。誰が飲んだのかと厳しく問われ、私たちは全員飲んでいませんと答えました。

「君たちが飲まなければ誰が飲むのか、君たちは僕に嘘《うそ》をつくのか」

父は、私たちをものすごい剣幕で殴り飛ばしました。

すると功が、恐る恐る言いました。

「階段で、サッちゃんが飲んでるのを見ました」

サッちゃんとは、ユキ子の二歳になる娘のサチ子のことです。すぐにサチ子が呼ばれ、父に聞かれると、「うん、飲んだ」と答えました。私たちは、あっけなく解放されました。

食べ盛りの私たちはいつもお腹を空かしていて、私が「お腹が空いた」と泣き言を言うたびに、「我慢をしなさい。兄姉弟みんなお腹を空かせているよ。大人になったら美味しいご飯がいっぱい食べられるから」と、久栄が励ましてくれました。

私たちは、米俵からこぼれて床に落ちた米を箒ではいて集め、それを袋に入れて溜めて母に持っていきました。箒で集めるから「箒米」と呼んでいました。

母も父からお金などもらっていませんから、それをとても喜んでくれました。箒米をバーキに入れ、ふるいにかけてゴミを落として炊いていました。

私たちは母のために、せっせと箒米を集めていましたが、ある日、功が箒米を袋に入れているところを父に見つかり、思いっきり平手打ちされました。功の左耳の鼓膜は破れ、相当に痛かったようですが、病院代をもらえるはずもなく、そのまま我慢していたら難聴になってしまいました。私たちは箒米を集めることはやめました。

それから母はほかの米屋で、鳥のエサにするからと言って箒米を安く買い求めるようになりました。

当時の私たちの家にはお風呂がありませんでした。ほとんどの家にお風呂がない時代です。

父やユキ子は銭湯へ通っていましたが、私たちは父やユキ子からお金を一円ももらったことがありません。銭湯に行った記憶はありません。

兄たちが、屋上の小屋の横に雨水を溜める箱をつくってくれたので、ときどき雨水で行水していました。冬でも行水をするだけです。しかしそれくらいで身体は清潔になるわけはありません。ですからいつも垢《あか》だらけで、服も汚れっぱなしだったのです。

小学四年生の三学期だったと思いますが、担任の男の先生が、抜き打ちで「首実検」を行いました。

当時は私みたいにお風呂に入らない子が多くいたのでしょう。それとも私をターゲットにしたのでしょうか。「首実検」とは、首の周りの垢を調べる検査です。

暑い沖縄ですので、汗をかくと首の周りに垢がつきますから、お風呂に入らない不潔な子は、結果的に外見でわかるのです。

抜き打ち首実検ですから、私は首の垢を落とそうと必死でポロポロ垢を落としました。本当にポロポロ落ちるのです。

しかし所詮、子どもの浅知恵、余計に垢が目立つ結果になりました。

垢だらけの子は、私だけだったのではないでしょうか。

大人になって、同学年だった友人たちと話す機会があったとき、首実検のことを話したら、ほかのクラスでは首実検をした経験はないと言っていました。首実検のことを覚えている人は一人もいなかったのです。きっと、恥ずかしい思いをした私だけが覚えていたのかもしれません。

毎日毎日、米屋の仕事を手伝わされる日々でしたが、学校が休みの日に、農家に米を仕入れに行くという番頭さんの車に一緒に乗せてもらったことがありました。

番頭さんは、名護の七曲りの途中で車を停めて、私を浜に連れていってくれました。

天気のいい日で、波打ち際に行くと、色とりどりの小魚がたくさん泳いでいるのが見えます。私ははしゃいで、手ですくって遊びました。

また別の日には、泊港付近で広範囲にわたって炎が立ち昇っているのが見えました。

わ、火事だ！　と思って急いで駆けつけると、なんと、大きな埋め立て地でゴミの焼却をしているだけでした。私は番頭さんと顔を見合わせて苦笑いです。なんだかそんなことがとても楽しく思えたのは、息の詰まるような日々の生活から一瞬でも解放された気分になったからかもしれません。

しかしなぜか私はよく本当の火事の現場に居合わせていまして、一番印象に残っているのはペンキ屋さんの火事です。

花火みたいな爆発音とともに、ペンキ缶が空に飛び上がり、それはそれは見事に色とりどりの火花が空に飛び散りました。不謹慎なのですが、しばらくその珍しい光景に見惚れていました。

それから家の近くの安里三差路にある琉映本館という映画館で、ボヤ騒ぎがあったこともありました。スクリーンが燃えたのが原因だったそうですが、そのとき、入場者がドッと逃げ出してくるのを見て、それこそ映画のワンシーンを観ているような気分になりました。

我が家の二軒隣が火事になったこともありました。知らない人が土足で我が家の屋上まで上がってきて、火事を眺めていてびっくりした記憶があります。

食事を満足に与えられなかった私の通知表には中学を卒業するまで、毎年「栄養失調」と書かれていました。私たちは食事だけではなく、父からお小遣いさえ一円ももらったことがありません。いつもお腹を空かせていました。

私のクラスに、父親がアメリカ軍の基地で働いている比嘉くんという子がいました。比嘉くんのお父さんは、基地の中の売店（ＰＸ）で働いていたため、比嘉くんの家にはアメリカの食べ物がありました。

学校帰りに彼の家によく行き、チーズなどをもらいました。たぶん、打算的なところがあったのだと思います。

小学校三、四年生のころ、飴やせんべいを作っている工場へ行き、開け放された工場の窓から中をジーッと覗《のぞ》いていました。すると飴を作っているおじさんが、商品にならない失敗作や切れ端をくれたのです。

いま思えば、そのころの工場は不衛生極まりなく、粉をまぶしたアツアツの飴を、粉を敷いた机のような台に打ちつけ、ときには手にぺっぺっと唾を吹きかけて飴を延ばし、そして程よい長さになるとハサミで切っていくのです。でも飴はとっても美味しかったですよ。

そのころ漫画雑誌が流行《はや》りだしていて、『少年倶楽部』に加え、『少年』や『冒険王』『りぼん』なども創刊されていました。もちろん、漫画雑誌を買うことなんかできませんから、私は友人たちが読み終わった本を借り、「鉄腕アトム」や「のらくろ」などを読んでいました。

アトムが空を飛んでいるのを見ると、つらい生活をいっとき忘れることができたのです。

六年生の大晦日《おおみそか》、隣家のミシン屋の仲屋さんから、「明日の朝一番に、お兄さんと一緒に家に来なさい」と言われました。仲屋さんの家には、私より一つ年下の男の子と三つ年下の女の子がいて、私は仲良くしてもらっていました。

翌日の元旦の朝、私は功と一緒に早起きをして、勝手口から仲屋さんを訪ねました。

すると仲屋さんは、なんと私たちにお年玉をくれたのです。

「年はじめの朝一番に、男の子が年始の挨拶に来ると商売が繁盛するからね」

仲屋さんはそう言っていましたが、きっと私たちの境遇を見かねてお年玉をくれたのだろうと思います。

十二歳にしてはじめてお年玉をもらった私はうれしくて、功と二人で何度も何度もお礼を言いました。

隣家の仲屋さんのミシン店と、その隣の昆布卸店の間には、やっと人が通れるくらいの隙間がありました。そこには使用済みの段ボールがたくさん置かれていて、私たちは父の目を盗み、そこを秘密基地にしていました。そこは、父から逃れられる私たちの憩いの場所だったのです。

仲屋さんも昆布卸店の人も、私たちの秘密基地を黙認してくれていました。

つらい日々でしたが、やさしい人たちもいたのです。

大人になって、中学校の同級生だった女性から、私の父からたくさんお年玉をもらってうれしかったという話をされたことがあります。議員だった父は、お正月は有権者の家を回り、その家の子どもたちに破格のお年玉を与えていたようです。私たちが父からお年玉をもらったことなど一度もないと言っても、なかなか信じてもらえませんでした。

沖縄では、数え年の十三歳になると、生まれたときの干支が再び巡ってきた節目を祝う「十三祝い」というものがあります。二分の一成人式ともいい、旧暦のお正月のあとに親戚たちが集まり、ご馳走を用意し、十三歳の子はみんなに祝ってもらうのです。

父の兄の息子、つまり私たちの従兄弟は、盛大に祝ってもらっていました。その従兄弟と同じ年の私は、祝ってもらえません。もちろん私の兄も姉も、誰一人祝ってもらったことなどありませんでした。

私はノートと鉛筆を買ったことがありません。はじめは兄や姉のお古を使い、短い鉛筆はチンブクという竹に挿して、最後まで使っていました。

小学二年生で皆勤賞をもらってからは、皆勤賞の景品がノートと鉛筆だったため、はじめて新品のノートと鉛筆を使いました。たくさんもらったので、母にもプレゼントしました。

私は、六年生まで皆勤賞を続けました。一年生のときに休んだのは一日だけ、引っ越しのために学校に行けなかったのです。五年生のときに、麻疹《はしか》になって高熱を出しながら学校へ行ったら、先生に怒られて帰されました。麻疹や風疹《ふうしん》などの場合は出席停止となり、欠席扱いにはならないことを知らなかったのです。

小学校の六年間皆勤賞は、一年生のときの一日があったのでもらえませんでしたが、毎年皆勤賞をもらっていたので、ノートと鉛筆だけはたくさん持っていました。

学校が好きだから休まなかったわけではありません。家には悪魔のような父やユキ子がいたので、学校が憩いの場所だったのです。その後も高校卒業まで一日も休まず、皆勤賞を続けました。

兄たちを真似て、コーラの瓶や一升瓶のほかに鉄くずを集めて売りに行っていました。朝鮮戦争が勃発していたため、鉄くずは高く売れたのです。

錆《さ》びたクギでも売れるので、真鍮《しんちゅう》や薬莢を見つけたときには舞い上がりました。それらを売っては学用品を買い、お小遣いにしていました。

私の通っていた大道小学校はマンモス学校で、二部授業をしていました。沖縄師範学校女子部の附属小学校として開校した歴史の古い小学校です。

小学六年生のときだと思いますが、その校舎が満杯となり、安里や崇元寺に家がある生徒は、戦前に尋常泊小学校だった校舎へ移動させられました。その校舎が大道小学校分校として開校したのです。二クラスありました。

尋常泊小学校だった校舎は、戦時中アメリカ軍にかなり攻撃され、戦後はアメリカ軍の基地となり、アメリカ軍の資材置き場として利用されていました。

分校の半分は壺屋小学校の分校でした。不思議なことに、両者の小学校は行き来がありませんでした。

戦後、分校となった校舎へ通ったのは、私たちが最初だったと思います。

文献にも、戦後十三年間、分校として利用されたとなっています。尋常泊小学校は、のちに那覇市立泊小学校になりました。

分校のすぐ隣には、金網で隔てて米軍の家族が住んでいる敷地がありました。緑の芝生がきれいに敷き詰められていて、家並みはかなりきれいで、多数の平屋があり、いわゆる外国そのものでした。手入れされた木々もたくさん植えられていました。その生活は裕福そのものでした。

私たちは金網の中を家族部隊と呼んでいました。

分校に通っていた子どもたちの中には、家族部隊の中の子どもたちに石を投げている腕白たちもいました。ある日、アメリカ人の子どもがピストルのようなものを持ってきましたので、腕白たちは逃げていました。

登校する道の途中は家がまばらで、パン工場があり、いい匂いがしてきました。

お弁当を持っていけない日も多く、常にお腹を空かしていた私には、パンのいい匂いがひどく酷でした。

そんなときは道端に生えている「スカンポ」という草の芽をガムのように噛《か》み、我慢していました。まさに道草を食うのです。

遠足の前日は、パンを一個だけ買うお金をもらい、パン工場で買って遠足に持っていきました。パンを買うお金をもらえないときは、空き瓶や鉄くずを集めて売ったお金で買いました。お金がないときはパンも買えません。飲み物は持参せず、公園の水道を見つけるとそこで水を飲みました。

学校の家庭科の授業では、「運針縫い競争」がありました。

布地の表と裏の縫い目が同じ長さになるようにチクチクと縫う競争です。器用だった私は、二クラス中二番になりました。

ある日、学校にアメリカ兵が軍のトラックでやってきて、校庭でＤＤＴという農薬をスプレーで頭からかけられました。ノミ、シラミ退治です。

ＤＤＴをかけられた髪や服は粉で真っ白になりました。臭いは弱い石灰のようでした。

ＤＤＴは、日本では昭和五十六年五月に有害物質として禁止されました。

そして私は大道小学校を卒業し、真和志中学校へ進学します。

私が中学生になったとき、久栄は警察学校へ入学しました。

久栄は、本当は医者になりたいと思っていました。

当時の沖縄には、医学部や歯学部、薬学部のある大学がなかったので、本土の大学へ行くためにはお金がかかります。経済的に恵まれない家庭の子どものために、卒業後何年間かは沖縄の医療のために尽力するという条件のもと、国が援助をする国費制度がありました。

久栄はその国費制度を利用して医学部へ行くつもりでしたが、国費制度の書類審査で落とされてしまいました。

「経済的に恵まれているから」というのが落とされた理由でした。

確かに父は市会議員でしたし、商売も手広くやっています。傍から見ると、私たちは裕福な家の子どもだったのです。私たちがお金に困っているなんて誰が思うでしょう。

久栄は相当に悔しかったと思います。

父が商売を始めたとき、久男《ひさお》という若い男が従業員として店に来たことがあります。久栄より一つ年下の久男は、父の最初の妾である志乃が産んだ子どもでした。

父の名の久士から取ったのであろう名に加え、東風姓を名乗っていたことから、久男が認知を受けていたことがわかりました。久栄はひどく怒っていましたが、久男はいつの間にかいなくなりました。

久栄には、南洋の島で父が母にしていた仕打ちについても生々しい記憶があるはずです。女の所に入り浸り、母をないがしろにしていた父、母や子どもたちに暴力をふるう父、次から次に新しい女を連れてくる父に対し、相当な怒りを抱いていたはずです。

私より六歳上の久栄は、私が何もわかっていないころから、父の仕打ちを受けてきたはずです。でも黙って耐えていました。

兄二人は身体が大きく、学校では空手を習い、いつしか父より強くなっていましたが、二人とも父に手を上げたことなどありません。

兄たちはじっと我慢をして母を守り、私を守ってくれていたのです。

やがて久栄は、警察官になる道を選択しました。

警察学校へ入学すると、すぐに給料がもらえるので、母に仕送りができるということから選んだ道でもあると思います。

警察学校は全寮制ですから、久栄は家を出ていくことになりました。

そのころ父は、米の販売に加え、氷の販売も始めていました。まだ冷蔵庫が一般家庭に普及していなかったころのことです。

一階の店舗の、二階に上がる階段に接した場所に大きな業務用冷蔵庫が置かれました。泊漁港の近くの製氷工場から大きな氷を仕入れ、小分けにして魚屋や生鮮食料品店、料理屋などに卸すのです。

ほどなくして功は、その四畳ほどもある商売用の冷蔵庫の上に布団を敷き、私との二人部屋をつくってくれました。冷蔵庫の天井は、二階へ上る階段の真ん中くらいの高さにあったので、そこから天井の部屋へ乗り移るのです。

功は階段と天井の間に簡単な柵をつくり、ボロ布でこしらえたカーテンをつけ、裸電球をとりつけ、布団を入れました。

もちろん窓はなく、冷蔵庫の天井と一階の天井の間は一メートルもありません。立って歩くことなどできませんし、光も入りませんが、なんと楽しい秘密部屋になったことか。知らないと、そこに部屋があるなんて誰も気づきません。

しばらくはそこで、私は功と二人、こそこそとおしゃべりしながら眠ったものです。

「我慢して大きくなろう」

「大人になったら美味しいもんいっぱい食べよう」

ときには小さな声で、「ユキ子をぶん殴って家から追い出してやりたい」などと話すこともありました。

しばらくすると、私たちはひどい皮膚病にかかりました。何しろ冷蔵庫の上ですから、寝具はいつもジメジメ湿っていて光も入りません。ノミが大量発生したのです。

私よりも功のほうがひどく、皮膚にはかさぶたができ、膿《うみ》がジュクジュク出て化膿《かのう》してきました。私は頭にいっぱいかさぶたができました。でもお金がないので病院にはかかれません。

私たちは仕方なく楽しかった秘密部屋を出て、また元の屋上の部屋に戻りました。

また、私が中学に入学したばかりのころのある日の昼休み、校庭の隅にある深さ一・五メートルほどの古井戸の周りに、大勢の生徒が集まっているのが見えました。

なんだろうと近づいていくと、学校一の不良番長が、功と殴り合いの喧嘩をしていました。古井戸には膝の高さまで水が溜まっていて、二人は古井戸に落っこちながら殴り合っていたのです。

やがて騒ぎを聞きつけた先生が来て、二人は引き離されましたが、どう見ても優勢だったのは功です。功は運動が万能で、誰からも一目置かれていましたが、この喧嘩に優勢だったことで、不良たちからも一目置かれるようになりました。

その古井戸には、ほどなくポンプが取り付けられ、落ちないようになりました。

功と喧嘩をした番長は、学校への行き帰りに私たちの家の前を通るのですが、その事件以後、家の前を通るときは、功に見つからないよう走って通り過ぎていました。

ひ弱だった私は功のおかげで、功が卒業してからも、誰からもいじめられことなく過ごすことができました。


姉の洋子は、そのころ高校二年生でした。

首里高校へ通っていました。洋子もまた、久栄と同じように頭が良く、中学三年生になったときには受験勉強を始めていました。

学校から帰ってきたらユキ子の子どもの世話をし、掃除をし、洗濯をし、クタクタになっていましたが、高校受験を目指していました。

父は常々、私たちに勉強するなと言っていました。

「君らに教育は必要ない。僕は小学校もろくに出ていないのだから、君も高校へは行かずに、子守りと家の手伝いをしていればいい」

父は姉にもそう言って、高校へは進学させないつもりでした。

しかし姉は勉強が好きでしたし、こっそりと勉強していました。そんな姉を母方の親戚が見かね、これで勉強しなさいねと言って、電気スタンドを買ってくれました。

夜遅くまで勉強していると、父が烈火のごとく怒り、電気代がもったいないと言って、電気スタンドを二階の窓から投げ捨てたことがあります。

それでも受験勉強を続け、見事に首里高校に合格したのです。

どうしても首里高校に進学したかったのにはもう一つ理由がありました。

母が療養している家が、首里高校の近くだったからです。

母の家は、首里高校から走れば十分もかからないところにあったので、学校への行き帰りはもちろん、昼休みにも母の所へ行くことができます。

私たちは、父とユキ子のいる家で奴隷のように働かされていましたから、やさしい母の顔を見られるならば、どんなことでもする覚悟がありました。

その後、姉に続き、兄の功も首里高校に進学することになります。

母が八重さんと一緒に暮らしていた首里の家では、三年ほど過ぎたとき、住み込んで母たちを助けてくれていた家政婦さんが転んで腰を痛め、働けなくなって辞めてしまいました。

母たちにはお金がありませんでしたので、新しく手伝いに来てくれる人などいません。ただでさえ二人は結核という世間的には避けられてしまう病の療養中ですから、二人の家には誰も寄り付かなかったのです。

家政婦さんがいなくなってからの二人の苦難を聞きつけて、金武の保養所で一緒だった患者仲間たちが助けに来てくれましたが、その方たちも完治したわけではありませんから、いつまでも助けてもらうわけにはいきません。

さて、どうしようと困っているとき、母たちに天の助けがありました。

セブンスデー教会で働いていたクリスチャンの女性が、手伝いに来てくれることになったのです。

その方は千恵子さんといい、結核が完治したあとも、困っている人たちのために尽力している方でした。私たちは千恵姉さんと呼んでいました。

千恵姉さんは、父の所へも何度も通ってきてくれました。母に生活費を渡すよう、何度も頼みにきてくれましたが、父はまともに払うことなどありませんでした。

首里の家には水道が通っていなかったので、兄たちが一五〇メートルほど先の民家の井戸に水を汲みに行っていました。また兄たちは、母たちの家の庭に野菜を植え、母たちが食べるものに困らないよう、父の目を盗みながら母たちの家に通っていました。

母たちの家の屋根は、古いトタンを被せていただけだったので、普段でも風に飛ばされそうでしたから、台風が来るとなると戦々恐々です。

とても強い台風が来る前日、兄たちは急いで母たちの家に行き、トタンに釘《くぎ》を打ち、ロープを張り巡らせ、戸や壁も飛ばないように突っかえ棒をして補強しました。そのおかげで平屋の古い家は飛ばされないで済みました。

姉は高校への行き帰りに母たちの家へ寄り、二人を助けていました。

そして母たちを助けてくれるやさしいクリスチャンの方々の影響を受け、中学生のころから熱心なクリスチャンになっていて、ついに高校一年生のとき、洗礼を受けました。

第四章　混沌の中で

父が氷の販売を始めたことで、私も氷を運ぶ手伝いをするようになりました。

そのころはまだ電気冷蔵庫は普及しておらず、魚屋や生鮮食料品店、客商売の店などは氷で商品を冷やしていましたので、結構いい商売になっていました。

私も番頭さんに連れられ、仕入れに行ったこともあります。

製氷工場の中に入れてもらいましたが、かなり寒かった思いがあります。五分ぐらいしか入っていられなかったと思います。

氷を仕入れて店に帰るまでに、二トンほどの三輪トラックの上で氷を鋸《のこぎり》で切り、注文してくれた店に卸していました。氷は半分ほど鋸で切ると、パカッと簡単に割ることができるのです。

三輪トラックは、オートバイに大きな荷車を乗っけたようなもので、バイクと同じように足で蹴ってエンジンを作動させるものでした。

製氷室の中から、一メートル四方、厚さ十センチの氷をフックで取り出し、三輪トラックの荷台に運ぶのですが、力のない私はあまり役に立てませんでした。

番頭さんは、大きな氷を持って帰って店の冷蔵庫に入れ、それを小分けにして配達します。そこからは私も手伝います。

学校から帰ってくると、すぐに氷の配達です。

近くのお店へ、氷を紐でしばって駆け足で持っていくのですが、暑い日にはすぐに氷が解けてしまうので、しばっていた紐がゆるみ、そのうち外れてしまいます。紐が外れたら、氷を直接手で持って運ぶのですが、手の平の感覚がなくなるほど冷たくなって、走る速度も遅くなってしまいます。しかし解けてしまっては売り物にならないので、がんばって走りました。

でもどんなにがんばっても、氷はかなり解けてしまうことがありました。

配達先のお客さんは、小さくなった氷を見ても怒ることはありませんでした。それが想定内の解け方だったのか、私が小さな身体で息せき切って運んできたからかわかりませんが、お客さんたちはお疲れさまと言ってくれました。

警察学校へ行っていた久栄は、給料を母に仕送りするようになり、功は母の家の近所の井戸から水を汲み、ドラム缶に入れて飲料水にする設備をつくり、兄二人は母のために休日には一生懸命に働いていました。

功がドラム缶に飲料水を溜めているのを見た近所の家の人々が、功に水を汲んできてくれるように頼むようになったので、それが功のアルバイトとなりました。

そのころから父は、母に離婚を迫るようになっていました。

「君はいつまで経っても死なないではないか。はじめに入院したとき、あと三か月の命だと聞いたから、やがて死ぬのなら入院費を払ってもいいと思ったのに、いったい君はいつ死ぬんだ。ユキ子たちを籍に入れたいから、早く死んでくれないか」

父のあまりの物言いに、母は返事をすることもできず、父が帰ってからショックのあまり血痰を吐きました。

父は母が保養所へ入院していたとき、入院時にはすでに三か月、長くても三年の命ですと医者から聞かされていたのです。

そんなに早く死ぬのなら食費は出しておかないといけないと思って入院費を払っていたことを、そのとき母はやっと知りました。

父はこれまでも母に、「早く死ね」という言葉を幾度投げかけたかわかりません。

病弱な母の心に突き刺さる残酷な言葉は、母の心だけではなく身体にも障り、発熱したり血痰を吐いたりを繰り返しました。

母は久栄を呼んで、離婚したほうがいいのだろうかと相談しました。

母には離婚するという考えそのものがなかったのですが、あまりの父の言葉に、そうしたほうがいいのだろうかと思い悩んだのです。

「絶対に離婚してはいけない」

久栄は頑なに言いました。

久栄の言葉を聞いて、母の迷いは晴れました。

一度結婚したら最後まで添い遂げるのが当時の考え方でしたし、母は、籍を置いておけば、いつか夫の心が自分と向き合うようになるかもしれないと思っていました。そして何より子どもたちのことが不憫《ふびん》でたまらなかったのです。

それに離婚すると、自身や子どもたちによくしてくれる親戚の人たちとの付き合いがなくなってしまうのではないかとも思え、心の支えを失うようで避けたかったのです。

中学一年生の夏休み、私は末吉のおじさんに連れられて、伊是名島《いぜなじま》に遊びに行くことになりました。

伊是名島は、沖縄本島から百キロくらい北西にある小さな島です。

末吉のおじさんは親戚ではないのですが、父の知り合いで、島に荷物を運ぶポンポン船の船主でした。私たちの家の事情を知っていたのでしょう、末吉のおじさんは父に頼み、私を一週間、島へ連れていってくれることになったのです。とってもやさしいおじさんでした。

一週間とはいえ、地獄のような家から離れられ、家の手伝いをしなくていいことがうれしくて、姉や兄たちに申し訳ないと思いながらも、ワクワク感のほうが勝っていました。

朝早く、那覇の泊港からポンポン船に乗り、末吉さんに連れられて出港しました。

はじめての素晴らしい船旅でした。

深いエメラルドグリーンの大海原に出たとき、末吉のおじさんに呼ばれてデッキに行くと、多数のトビウオが、船の速さに負けずと競走しているのです。

驚きました。それこそ羽を広げて飛んでいるではありませんか。

船員さんが大きい釣り針に餌もつけず、長い紐を取りつけ、五〇メートルほど流していました。

「釣れたぞー」の声で見てみると、鰹がかかっています。

紐を渡してくれましたので、すごい力で手繰り寄せましたが、私一人の力ではなかなか引っ張り寄せられません。

船員さんたちは大声で笑いながら手伝ってくれ、やっとのことで手繰り寄せると、かなり大きな鰹が釣れました。

その場で捌いてもらい、思う存分食べました。とってもとっても美味しくて、船員さんたちもとってもやさしくて、私は本当にうれしかったです。

波は荒く、私にとっては長旅でしたが、それこそ紺碧《こんぺき》としか言い表せない海は、どこまでも続く空の青と一体となり、何物にも遮られない広々とした世界を感じました。

伊是名に着くまでに、幾つかの緑の島を通り越し、やがて二つの大きな島が現れると、左の島が伊是名島で、右が伊平屋《いへや》島だと教えてもらいました。

伊是名島に近づくと、辺り一面のサンゴ礁が目につき、うねりや波が弱められ、リーフと呼ばれる自然の港になっていました。

いまでは北部の今帰仁の運天《うんてん》港から、毎日二便フェリーが出ていて約一時間で行けますが、当時はとっても遠い島のように思えました。

港に着くと、お世話になる末吉さんの奥さんと娘さんが、にこやかに迎えに来てくれていました。娘さんの節子さんは琉球大学の一年生で、私は節子姉さんと呼びました。

伊是名島は、周囲十七キロメートルほどの円形の小さな島で、人口は二千人ほど。海抜一〇〇メートルほどの山が連なり、海に向かって緩やかに傾斜しています。

末吉さんの家は港から歩いてほどよい距離にあり、茅葺きの大きな平屋建ての農家でした。庭も大きく、鶏が遊んでいます。

庭には鶏の冠に似た、見慣れない赤い花があり驚きました。ケイトウの花だと教えてもらいました。

その夜は、料理をするのを見ていました。私の歓迎会とのことで、生きている鶏を目の前で潰して料理をしてくれました。鶏を潰すところをはじめて見ました。

常に栄養失調で、お腹いっぱい食べられることなどまずなかった私は、歓迎会に感激して遠慮なくお代わりをしました。

翌日からは、節子姉さんに学校や砂浜などに遊びに連れていってもらいました。

周囲十七キロですから乗り物もありません。サトウキビ畑に入ってキビをかじったり、自然がいっぱいで飽きることがありませんでした。

一人で道を歩いていると、道の反対側から「へーく、もうれー」と島のおばさんが手招きしています。びっくりしました。

「へーく」は方言で「早く」ですからわかりましたが、「もうれー」を「舞う」という意味だと思った私は、「早く踊りなさい」と言われているのだと勘違いしました。踊ることができませんので戸惑いました。

しかしおばさんが何度も手招きするので行きますと、なんと美味しいお菓子をくれたのです。

あとで聞くと、「もうれー」とは「いらっしゃい」ということでした。漢字にすると「参うる」で「来て」の丁寧語なのです。

島の人々はとてもやさしく、気軽に声を掛けてくれて、いろいろと美味しいものをもらいました。田んぼにも入りました。

島では、隣近所が協力して一つの田んぼで田植えをするのです。一か所の田植えが終わると、次の田んぼの田植えに移るのです。

それは、助け合って生きるための「結」という精神です。当時は茅葺き屋根の家も多かったので、助け合って屋根を葺いていました。

その日は末吉さんの田んぼの田植えの日で、朝からたくさんのおにぎりを握っていました。私も長靴をはき、はじめて田植えをしました。

長靴が抜けたり転んだり、みなさん大笑いして楽しんでくれました。

みんなで食べるおにぎりはとっても美味しかった。いまでもその味を覚えています。

末吉さんの家では鶏が放し飼いでしたが、近づいても逃げません。

卵は鶏小屋で産んでいましたので、朝から私が取りに行きました。何個もあり、まだ温かいものもありました。毎日食べました。卵焼きや半熟卵、生卵をお茶碗で割り、炊き立てのご飯に載せ、醬油《しょうゆ》をかけてかき混ぜ食べるのです。

米屋の息子なのに細いタイ米しか食べられなかったので、島の自家米のご飯は最高に美味しかった。卵など食べることができなかったのですから、毎日が夢のような生活でした。

一週間後、帰り際に末吉さんから、つがいの鶏の雛《ひな》をお土産にもらいました。

島から帰ってすぐに母の所に持っていきました。

喜ぶ母に、私は島での思い出を話して聞かせました。

白い鶏はレグホーンという種類で、茶色の鶏はニューハンプシャー種、鶏小屋で産んだ卵を毎日取りに行ったこと、まだ温かい卵をあったかいご飯にかけて食べたこと、母は私の話をうれしそうに聞いていました。

私が伊是名から帰ってきて二週間ほどたったとき、とっても大きい台風が沖縄を襲いました。当時はトタン屋根が多く、ずいぶんの家が被害に遭いました。私が乗った末吉さんの船も沈没したそうです。

その後の末吉さんもずいぶん苦労したのではないでしょうか。もし私の帰りが遅く、その船に乗っていたら、私は生きてはいなかったでしょう。何しろ泳ぐこともできなかったのですから。船員さんたちに犠牲者はいなかったと聞いて安堵《あんど》したものです。


私が末吉さんにもらってきた鶏を飼うために、功が母の家の庭に鶏小屋をつくってくれました。功は大工仕事が上手だったのです。

母はやがて、つがいの鶏を大事に育てて二十羽ほどに増やし、卵を売って生活の足しにもしました。当時の卵はとても高価でまず口にはできません。療養中の、しかも父から生活費もろくにもらえず栄養も摂れない母にとって、鶏は何よりのお土産だったのです。

母の家の周囲には、ほとんど家がありませんでしたので、鶏を放し飼いにしても苦情が来ることはなく、鶏は大きな羽を広げて庭の大きな木に止まっていました。おそらくハブに襲われないよう本能が働くのだと思います。

鶏が飛ぶということをご存じですか?　鶏が羽を広げて木から庭に降りてくる様はかっこ良くて、ずっと眺めていられました。餌を与えなくても庭のミミズや草を食べてくれるので手もかからず、フンは畑の肥料になりました。

私が伊是名島でもらったものは、やさしい人たちからの好意と楽しい思い出だけなく、母の健康や生活を助けてくれる、素晴らしくありがたいものだったのです。

つらい環境の中で、ときどき現れてくれるやさしくて思いやり深い人たちには、感謝しても感謝しきれないほどです。

そして夏休みが終わり、秋が近づいてきたころ、洋子が体調を崩しました。

姉は女だということで、父からなおさら厳しい扱いを受けていました。

父と暮らし始めてほどなくして生まれたユキ子の娘のサチ子、二年後に生まれた次女のセツ子、その二人の幼子の世話と一切の家事をやらされていました。

栄養失調のうえ、休むことなく働かされていた姉は、高校二年の十月、咳が長引き、熱が下がらずに病院へ行くと「結核です」と診断されました。

母と同じ病名を言い渡されたのです。

長期休学を余儀なくされました。

私たちにとって学校が一番心の休まる場所であったので、姉がすごいショックを受けていたことを覚えています。

そのころ、入院、手術ができる病院は那覇市には無く、コザ市にあるコザ病院だけでした。ですから入院できるまで、自宅療養をしなければいけなかったのですが、父から「厄介者の死に神は家から出ていけ、母親と一緒に生活しなさい」と強く言われたので、自宅で静養なんて到底できません。

母の所に母一人分の生活費さえほとんど入れない父です。母の所で患者が二人になって静養できるはずがありません。

姉が途方に暮れていましたら、キリスト教団那覇中央教会の長老で、内科医の大森先生が、自宅の二階で静養しなさいと、好意で姉を引き受けてくれることになりました。

大森先生の友愛内科医院は、一階が診療室と自宅で、二階に入院室が一室だけありました。ベッドはありましたが、おそらく急患のための部屋だったのではないでしょうか。

大森先生は、私の家の事情をよく知っていましたので、入院費など強くは請求してきませんでした。

私は、父と顔も合わせたくない思いでしたが（必ずひどいことを言われ、お金をもらえることはほとんどなく、父が仕方なくお金を払うときはお金を投げてくるので、それを拾わなければいけないのです）、私は心臓の動悸《どうき》を抑えながら、入院費を払ってくれるよう何度もお願いしました。

父から入院費をもらう役目は私でしたが、父は私たちに使うお金などないと考えていましたから、なかなかもらえませんでした。何か月も粘りに粘ってやっともらったものです。

大森先生にはいまも感謝しています。かなりご迷惑をおかけいたしました。

大森先生の医院は家から近くでしたが、父は一度も見舞いに行かなかったですね。担当の保健婦さんが父に会いたいというので、数か月ぶりに姉が保健婦さんと一緒に家に帰ると、父が言いました。

「これの母親も結核で国の害虫だし、金食《じんくわ》い虫《むし》だから早く死ねばよい。あなたもそう思うでしょう」

保健婦さんはびっくりしていました。

「いままでこんな人は見たことない。これが父親なのか、これが市会議員をしている人の言葉なの？」

帰り道に、保健婦さんは繰り返し何度も言っていたと姉が教えてくれました。

父はそのころ、那覇市の市会議員になっていました。

父が那覇市の市議会議員選挙に立候補したのは、姉が高校一年生の三学期、二月のことです。きれいな声をしていましたので、ウグイス嬢として選挙カーに乗せられ、寒い冬に夜遅くまで、一生懸命マイクを握って父のために働いていました。

そんな姉に向かって、父は死ねと言ったのです。

父の選挙のときは、私と功は学校から帰るとすぐにビラ配りをさせられ、書道が得意な久栄が墨で書いた手書きの選挙ポスターを、あちこちに貼って回りました。選挙が終わると今度はビラ剝《は》がしです。

選挙の手伝いをするときだけは、ほかの手伝いの人たちの手前、父はちゃんとしたご飯を食べさせてくれました。父の外面だけはとことん良かったのです。

しばらくしてコザ病院へ入院できた姉は、上肺葉切除の手術を受けました。

手術の日、父ははじめて親戚の叔母たちとお見舞いに来たことを覚えています。

親戚の手前、心配そうな顔をしていましたが、その表情が嘘っぱちであることは、私たちにはわかっていました。

手術は成功し、姉は一年ほど入院することになりました。

嫌だったのは、学校のイベントです。

私は登校前に家の掃除、帰宅後には家業の手伝いをしていましたから、仲の良い友だちなんて一人もいませんでした。

遠足へ行くときはパンを一個か、何もなし。同級生たちが楽しそうにおしゃべりをしながら前を向いて歩いているときに、私はきょろきょろ、頭上の木や左右の草むらを見ながら歩きます。

木や草に食べられそうな実がなっているのを見つけるためです。見つけると、素早く採って昼食の足しにしていました。当時の遠足は、読んで字のごとく遠くまで足で歩いていきましたから、私はずっときょろきょろしていました。

あるとき、美味しそうなオレンジ色の実を見つけて素早く採り、ポケットに大事に入れました。昼食のときに食べてみましたら、渋くて渋くてペッと吐き出してしまいました。それは渋柿だったのです。何時間も口の中に渋みが残りました。

一番つらかったのは、運動会です。

小学校のときの運動会は、姉が見に来てくれました。

中学一年生のときには功が三年生で、姉も見に来てくれましたので、なんとかなっていたのですが、中学二年生のときは姉が入院していて功も高校生になってしまっていたので、一人ぼっちの運動会でした。

当時の運動会は、学校の行事というより地域の行事のような側面がありましたから、各家庭の母親は朝早くから大量のお弁当を作り、親戚一同総出でムシロを持って駆けつけていました。

私は運動会のことは誰にも言いませんでした。言ったところで誰かが来てくれるわけではありません。お昼になると何もない家に帰り、食事をすることもなく学校へ戻り、午後の運動会に出ていました。

中学三年生になると、給食が始まりました。

本土で給食が始まったのは昭和二十一年でしたから、沖縄で始まったのはかなり遅く、質も悪く、お粗末な給食でした。

給食は毎日ではありませんでしたが、脱脂粉乳と無味に近いコッペパンが一つ。多くの生徒たちが、バケツからコップに脱脂粉乳を汲むときに遊びながらこぼしたり、美味しくないといってコッペパンを簡単に捨てたりしていました。でも私にとっては最高のパンと牛乳でした。ありがたく美味しくいただきました。

そして姉がやっと退院し、自宅で療養することになったので、姉、功、私の三人での屋上の掘っ立て小屋での生活がまた始まりました。

私は、姉がとても可愛がってくれたので大好きでした。功とは年が近く、よくいじめられていて、いつも姉がかばってくれていたのです。

警察官になっていた久栄が、私を映画に連れていってくれたのはそのころのことです。家から歩いて三分ほどの安里三差路に、琉映本館という映画館があり、日々、魅力的な映画の看板がかけられているのを目にしていました。それを観ることのできる同級生たちが学校で映画の話をしていたので、私はうらやましくてたまりませんでした。

映画館の前を通るたびに、幾人かの子どもたちが顔に墨を塗られ、大通りから見える映画館の入り口に正座させられている姿がありました。子どもたちの横には、「私たちはヌギバイをしました」と書かれた札が立てられています。私の同級生たちもいました。「ヌギバイ」とは、お金を払わずに隙を見て映画館に入り、タダで映画を観ることです。

大人たちが切符を買っている隙に、その子どもたちはさっと入っていくのです。私は一度もしませんでした。

映画館には、真田十勇士、猿飛佐助などの忍者映画やチャンバラ映画、美空ひばりがお姫様になっている映画、松島トモ子が嵐寛寿郎と共演した鞍馬天狗《くらまてんぐ》など、それはそれは魅力的な映画の看板がかかっていたのです。

お金がない私には、映画を観ることなど夢のまた夢でしたから、久栄が私の夢を叶えてくれることになったとき、私はもう前夜から眠れないほど興奮していました。

私が連れていってもらったのは、国際通りにある国映館で「里見八犬伝」の映画でした。暗い映画館のスクリーンの中で暴れ回る大蛇や馬や妖怪の迫力に度肝を抜かれ、胸の高鳴りはいつまでも治まらず、それから六十年以上経ったいまでも、あのときの感動は鮮明に私の中に蘇《よみがえ》ります。

中学三年生になってすぐに、卒業後の進路を決めるための父兄面談がありました。

ユキ子と一緒に暮らすようになってから、父は子どもたちの進学に反対するようになっていたので、すでに高校生になっていた久栄以外の上の二人は、父の反対を押し切って高校へ進学していました。

そして父は、私が二年生のときに、毅然《きぜん》として宣言していました。

「僕は尋常小学校も出ていない、丁稚奉公でここまでやってきたのだから、君も高校へは行かず、うちの番頭をしなさい。君を高校へ進学させる予定はない」

そう言われ、私はすっかりあきらめていて、中学二年生の二学期からは勉強をせずに店の手伝いに明け暮れていました。

学校へ面談に来た父は、私の担任の屋比久先生に早々に宣言したそうです。

「高校に行かせるつもりはない。家で働かせます」

先生が、せめて高校くらいはと言うと、

「どうしても高校に行きたいのなら、選択肢は商業高校だけだ」と言ったそうです。

父の言葉を先生から聞かされ、私はますますやる気がなくなりました。どんどん成績が落ち、三年生の一学期の成績は、どんな高校にも合格できないほどの最下位でした。

クラスメイトたちは受験勉強に突入していましたから、進学をあきらめ、家の手伝いをしていた私の成績が落ちたのは、当然な結果だったのでしょう。

結核の手術を終え、完全に結核から解放されていた姉が言いました。

「お父さんに進学させないと言われたら、そのままあきらめるのですか？　私と功は反対を押し切って勉強して合格してきたじゃない。こんな家庭だから、自分で道を切り開かないといけないんじゃないの？　あなたの勝男という名は、勝つ男という意味でしょう。頑張りなさい」

姉は私にコンコンと説教しました。

それから私は奮起しました。

ここが私の人生の転機となります。

私の受験勉強は、三年生の一学期終了時からです。つまり暑い夏休みが勝負でした。夏休みから猛烈に受験勉強を始めました。参考書など買えませんから教科書の丸暗記です。教科書の隅から隅まで読み、覚えていきました。参考書がないのは兄や姉も同じだったのですから、ハンディだとは思いませんでした。

この夏休みが勝負だと思って必死に勉強していた私は、よく鼻血を出しました。私の教科書には点々と血の跡がつきました。血の滲《にじ》むような努力というのはこのことだと思いました。

しかし夏休みですから、昼間は番頭さんと一緒にお米や氷の配達に行かなければいけません。

アメリカ統治下にあった沖縄では、ときどき灯火管制演習がありました。夜八時を過ぎるとサイレンが鳴り、家の灯りは一斉に消さなければいけませんでした。夜中に光がもれているとヘリコプターから地上に連絡がきて、家のドアが叩かれ、消すように注意されるのです。

これは昭和三十四年、私が十四歳のころまでありましたから、私は父に受験勉強がばれないよう、勉強する時間を朝に切り替えました。

二学期の実力テストはかなり上位になっていました。

「短期間でこんなに成績が伸びた生徒ははじめてだ。しかし首里高校へ入るには、もっとがんばらないとだめだよ」

先生はそう言いました
二学期が終わり、先生に志望高校を聞かれたので首里高校と答えました。いつの間にか父が私の志望校を商業高校と変えていたのです。しかし私はやはり首里高校を目指しますと再度変更をしました。

姉たちと同じように首里高校を目指したのは、母が療養している家が首里高校から近かったからです。姉も同様の理由で首里高校へ進学しましたが、功も同様の理由だったのだと思います。

久栄の高校受験時には、母は金武の保養所にいましたから、首里高校ではなく那覇高校を選んだのだと思います。

首里高校は旧制一中で、那覇高校は旧制二中で、当時の沖縄では両雄でした。


中学三年生の最後の実力テストで、私は合格圏内に入りました。

隣のクラスに、私の従兄弟がいました。十三祝いをやった従兄弟です。伯父はしきりに私に言いました。

「君は頭が悪いんだから、俺の息子を見習うといい」

彼は中学一年生のときから活発で、成績も良く、運動もできて学校代表、合唱部に所属し、生徒会役員もしていました。伯父の自慢の息子だったのです。

それに比べ私は、授業開始すれすれに学校に着き、終了と同時に学校を引け、家業である米屋の手伝いです。話をする友人もほとんどいませんでした。

勉強するなと口を酸《す》っぱくして言っていた父も、伯父と一緒になって、従兄弟を見習えと言っていました。私を馬鹿にしたかったのでしょう。

私は試験の前日まで店の手伝いをしていました。

そして受験当日、私は父から隠れて逃げるようにして早朝に家を出ました。

試験開始までには時間がありますから、首里高校から十五分ほどの母の家に行きました。母に見送ってもらい、入学試験に臨みました。

私は見事、合格しました。

父は私の合格を喜んでいませんから、合格祝いをくれるはずはありません。母方の親戚や、隣の仲屋さんのような私を可愛がってくれた方々から合格祝いをもらいました。父には誰々さんからもらいましたと報告しました。

「合格祝いをもらったのなら、それで教科書を買いなさい」

父は私の高校入学にあたって一円もお金をくれませんでした。中学を卒業するときも、小学校を卒業するときも、お金がないので卒業アルバムも買えませんでした。

制服は、中学時代に着ていた学生服のボタンだけを付け替えました。その学生服も兄のお下がりです。帽子は中学の帽子と同じだったので、校章を取り換えて終わりです。

教科書は功のお下がりですが、所々わずかですが文章が替わっていましたので、書き直して使いました。まるっきり変わっていた教科書は買いました。父が払ったお金はほとんどなかったと思います。

あとで気づいたのですが、私たちの学年は、ちょうど教育方法が替わった年なのだと思います。他の同年生でそれに気づいた人はなく、のちに沖縄で校長先生になった友人に聞いてみても、わからなかったと言っていました。


高校に入学した日、校長先生が朝礼で祝福と訓辞をしているとき、新入生の列に並んでいた私は、後ろからいきなり男の先生から殴られました。

「この不良」という言葉とともに、かなり痛いゲンコツが飛んできたのです。

その痛さはいまでも覚えています。

私は前を向いていて無防備でしたからとっても痛かったですね。なぜゲンコツされたのかわかりません。私は列も乱さず、話もしていませんでしたから。

怒られるのをいかに回避するか、幼少のころから私は身をもって備えていましたし、おどおどして真面目で人目につかないように生活していましたので、いきなり殴られたことにはびっくりしました。おそらく着古した学生服と、汗と汚れでテカテカになった帽子を着用していたため、わざとテカテカにしたと誤解されたのだと思います。

二学期になったとき、自宅での療養を経て結核が完治した姉が二年生に復学することになりました。功は三年生でしたから、私たち三人は同時期に同じ高校に在籍したのです。とても心強く、うれしかったですね。

首里高校の女子の制服はセーラー服です。姉は制服を布団の下に入れ、しわを伸ばして復学への準備をしていたのを覚えています。

そして私は、昼休みになると母の家へ走っていき、母が作ってくれるポウポウというメリケン粉でつくった平焼きパンやそうめんなどを食べ、学校へ戻っていました。


母がキリスト教の洗礼を受けたのは、私が中学生のときでした。

那覇中央教会の比嘉盛仁牧師が母の家に来てくれて、先に洗礼を受けていた姉を介して洗礼を受けました。

そのころ、母と姉妹のように一緒に療養していた八重さんが亡くなり、母はかなり落ち込んでいました。五年もの間、共に暮らし、支え合ってきた八重さんは、母にとって家族のような存在だったのです。

保養所を出なければいけなくなったとき、行き場のなかった母にやさしく手を差し伸べてくれた八重さんは、二人の子どもたちと自由に会うこともできないまま旅立ちました。結核という病が、八重さんの子どもたちを遠ざけてしまったのです。母と八重さんは、不治の病を抱えながら、二人で支え合って生きてきたのです。

胸病みて　我を憐れみ　いたわりし　亡き人思う　朝の目覚めに
苦しみと　戦いて来し　幾年ぞ　今年も苦悩を　耐えて歩まん
み恵に　慣れて感謝の　薄れたる　おのれ恥じ入り　今日も祈りぬ

八重さんを亡くしたときに母が詠んだ歌から、悲しみと寂しさに打ちひしがれていた様子がわかります。

それから母は姉に勧められ、洗礼を受けることによって、徐々に生きる希望を取り戻していくのです。

八重さんが亡くなって一人になった母は、そのまま八重さんの家で暮らすしかありませんでしたから、父に頼み、その家を買ってもらいました。家を買うといっても借地でしたし、二間のボロ屋ですから、家の購入費は格段に安かったようです。

ずっと母たちを手伝いにきてくれていた千恵姉さんが、母と一緒に住んでくれることになりました。私たちはもう、やさしい千恵さんのことを親戚のように思っていました。

母と千恵姉さんは、清貧の暮らしの中で、静かに神に祈りを捧げていました。

姉が熱心な信者でしたので、思春期に突入していた私も高校生になったころには教会へ通うようになっていました。

私もいろいろと思い悩むことがありましたし、小学、中学とおどおどしていて、家の手伝いもしないといけなくて、学校の友人もつくれない生活を送っていましたので、私にとって教会はオアシスでした。

教会で、同じ年の友人ができました。

私は友人たちと、自殺についてよく話し合いました。明確に自殺したいと思い詰めたことはないのですが、心の奥底では、死んでしまったらラクになれるだろうかという問いを何度も繰り返していましたから、教会の友人とそんな話ができたのはとてもありがたいことでした。

実は私は小学四年生のころくらいから姉に連れられ、ときどき教会へ行ってはいたのですが、クリスマスの日にアメリカ軍のトラックに乗せられて、軍の施設に入っていった日のことくらいしか覚えていません。

なぜクリスマスのことを覚えていたかというと、お菓子をたくさんもらったからです。讃美歌を聞き、クリスマスの劇を見ましたが、見たこともないようなお菓子をお土産にたくさんもらったことだけが、記憶の中にあるのです。

しかし高校生になると、生きるという意味について深く考えるようになりました。教会で「からしだね会」という高校生のグループに入れてもらい、日曜日になると、二十人ほどの高校生たちと、牧師さんと一緒に熱心に話をしました。そのころは家の仕事も日曜日は休みになっていたので、家の手伝いをしないでよくなっていたのです。

私が通っていた那覇中央教会の比嘉牧師は、教会から近くの、海のそばにある波の上神社の神主さんとも仲が良く、私たちは神主さんと話をすることもありました。

比嘉牧師と神主さんは、「山の頂上に登るルートはいろいろあるが、目指すところは同じだ」と説いていました。祈り方はそれぞれでも、目指すところは一つだということです。このような考えを世界中の人々が持てると、宗教戦争はなくなります。

家庭環境は様々でも、みんな目指すところは同じで、それぞれが違う道を通っても山頂に辿り着けるのだと思いました。

姉と母に続き、私も洗礼を受けてクリスチャンとなりましたが、姉のように熱心な信者ではありませんでした。

そのころ、学校の図書館から借りた本をよく読んでいました。太宰治や石川啄木の本をよく読み、人生についてよく考えました。そのうち青年心理学の本に出会い、熱中しました。

心理学の本には、人間の心には裏と表があり、中学生から大学生くらいまでの間を第二の誕生といい、ここで新たな人格形成が行われるのだと書いてありました。

私が悩んでいるのは、家庭環境のせいばかりではなく、人間として成長する段階にある当たり前の悩みだと思うことができました。私の家庭はひどい環境でしたが、やさしい母や兄や姉に恵まれていることに気づくことができたのです。

功は高校を卒業すると、父の反対を押し切って、東京の大学へ進学することになりました。

当時の沖縄はアメリカ統治下だったので、パスポートを取り、那覇港から船に乗って鹿児島まで行き、そこからは夜行列車で東京まで行くのです。

功は高校時代には空手部のキャプテンをしていて、文武両道のとても強い男でした。

私たちは子どものころからよく父に叱られていましたが、身体が大きくなるにつれ、手を上げられないようになりました。父が私たちにひどい暴力を振るうことはほとんどなくなっていました。

功は東京の道場で、空手を教えるアルバイトをしながら大学の授業料を払っていました。大学の入学金などは母方の親戚に借りて用立てましたが、ほかはすべて自分で賄って生活していました。

私たちは常に自分の小遣いは自分で稼がねばいけませんでしたから、私も小さいときから空き瓶や鉄くずを拾っては売りに行き、学用品を買っていました。

私が高校二年になったばかりのとき、正式なアルバイトの話がきました。

それは、家庭教師の仕事でした。

「中学三年生の家庭教師を週一回やらないか？」

私は喜んで引き受けました。私の条件は、報酬は安くてもいいので夕食を食べさせてほしいということでした。

生徒となる男の子は首里高校から大した距離ではありませんでした。二歳年下でしたが、とても教えやすかったです。

私も二年前に受験を終えたばかりでしたから、重要なところはわかっていました。参考書中心ではなく、教科書を中心に徹底的に教えました。

夕食は家庭教師先で食べました。報酬は安かったのですが、とてもありがたかったです。男の子は首里高校に合格しましたよ。うれしかったなあ。

高校二年の夏休みの直前のことです。

書道の具志頭先生から、障子紙数枚で練習をして、画仙紙二枚で仕上げをしてきなさいと、障子紙と画仙紙を渡されました。

私は選択授業で書道をとっていましたが、家で練習など一度もしたことがなく、字が下手だから私にだけ夏休みの宿題を出したのだと思いました。

障子紙や画仙紙を私にだけくれたのは、私の家の事情を知っていて、紙を買うお金にも不自由しているだろうと思ってのことだと思われます。

家の手伝いの間に書道の練習をしていたら伯父が来て、

「君の字はあまりにも下手だから、息子の爪の垢を煎じて飲め」と皮肉を言われました。伯父からは、事あるごとに従兄弟と比較して皮肉を言われたのです。

夏休みが終わり、書道を先生に提出しましたら、先生はそれを表装し、コンクールに応募してくれたのです。

それは沖縄タイムス主催の、全琉球小中高校の図画、作文、書道コンクールでした。しばらくして、私の書いた書道が、高校二年の書道の部で二等賞に入っていることを知らされ表彰されました。

私は驚きました。高校には当然書道部もあり多数の部員がいたのです。そのほかにも書道教室に通ったり、字が上手な生徒が出品していたようですから入賞には驚きです。新聞にも名前が掲載されました。父や伯父さんからは、祝いの言葉は一言もありませんでした。

高校三年生になっていた洋子は、高校卒業と同時に、本土で手芸学校に行きたいとひそかに望んでいました。

家にいると父に潰されるのが目に見えていましたから必死だったのです。

本当は薬剤師になることを夢見ていたのですが、薬剤師への夢はあきらめ、手に技術を持ち、自立することを目指しました。

昭和三十七年、姉は東京の手芸学校への入学を決め、社会福祉団体から返済を前提にお金を借りることになりました。足りない分は、母方の西原の伯母さんから借りる段取りをしてパスポートも取得、これらはすべて、父に知られることなく進められました。

那覇港から出発する前日、洋子は母の家へ行き、前もって私と決めていたとおり、夜中の一時過ぎになると、隣家との細い隙間にやってきました。

私は家の屋上から、荷物の入ったボストンバッグを紐にくくりつけ、そーっと下に降ろし、それから私も音を立てないように下に降りて姉と合流し、そしてタクシーに乗せ、いったん母の家に行かせました。

私は洋子をタクシーに乗せるとき、運転手に見えるようにタクシーのナンバーを控えたのですが、そうしたのは、真夜中に運転手から何かされたら取り返しがつかないと思ったからです。

洋子は出発の時間まで母の家にいて、朝、那覇港から西鹿児島へ向かって千トンクラスのひめゆり丸で出発しました。

ほとんどお金もない、頼る人もいない、本土に行ったこともない若い女の子が、一人で船と電車を乗り替えて東京まで行くのですから、この上なく不安だったことでしょう。

洋子が出発して二日経って、やっと父が不在に気づきました。

「洋子はどこへ行った？」

「東京へ勉強に行きました」

私がそう告げると、父はブツブツ言っていましたが後の祭りです。私の家では、そうでもしないと希望は叶えられなかったのです。


姉がいなくなり、いよいよ私は一人になりましたが、私もちゃんと自分の将来の道は考えていました。

私は、歯科医になると決心していたのです。

高校一年のとき、腫れて痛くなった歯を抱え、やっと貯めたお金で歯科医院を訪ねると、いきなり麻酔を注射され、たいして効かないうちにペンチのようなもので抜かれ、頬は腫れ、涙ポロポロ、歯医者をうんと恨み、将来は歯医者になると決心しました。

沖縄で唯一の公立大学は琉球大学です。医学部、歯学部、薬学部はありませんでした。

医学部が設置されたのは昭和五十四年からで、昭和五十六年から学生の受け入れが開始されたのです。現在も沖縄には歯学部、薬学部はありません。

はじめから歯学部へ進学するなんてことを父が許すわけはありません。ですから私はまずは琉球大学へ進学して、二年後に歯学部を受験することに決めていました。

決めたといっても、父には内緒です。父は私を家で安く働かせるつもりでいたので、私が大学へ進学するなんてことは夢にも思っていません。

高校三年生になってからは、中学三年生の女の子二人の家庭教師をしました。一人でも二人でも教えるのはほとんど同じです。私も大学を目指していましたから、自分の勉強もがんばりました。

家庭教師をすることは基本の復習にもなりましたし、そこでもまた夕食を食べさせてもらうことを条件にしていたので栄養も摂れ、本当にありがたいアルバイトです。

学校へ行き、家庭教師をし、受験勉強をし、そのほかの時間はすべて家の手伝いに費やしました。父が起きている間は、何も言われないように番頭の仕事をしていました。そして早朝から受験勉強。

琉球大学受験の前日、私は何食わぬ顔で家の手伝いをし、当日は早朝から隠れて受験に行きました。

合格発表の日は、家庭教師のアルバイトの日でした。

当時の琉球大学の合格発表は、ラジオから合格者の受験番号が発表されていたので、家庭教師先の家で、教え子に勉強を教えながらラジオを聴くことになりました。

ドキドキしながら聴いていると、私の番号が呼ばれたのです。

「やったあ！」と、つい興奮したのを覚えています。

二人の女の子とその親御さんにも祝ってもらいました。

合格しないとすぐ、家の番頭です。浪人なんて許されるはずがありません。綱渡りの人生ですね。死に物狂いですから達成できたときは最高に幸せでした。

その日は、家庭教師先からもう帰っていいよと言われ、喜び勇んで母の家に走っていきました。

身近で祝ってくれるのは母しかいません。

母はすでにラジオで私の番号を聴いていました。夜の町を息せき切って走ってきた私を見るなり、泣いて喜んでくれました。

家庭教師をしている二人の女の子のうち、一人は私立高校、もう一人は公立高校を受験しました。

私立高校の合格発表の日、家庭教師先でお弁当を三人分作ってもらい、朝から二人を中《なか》城《ぐすく》公園に連れ出してお弁当を食べ、それから午後三時の私立高校の合格発表に間に合うように帰ってきて、私も一緒に見に行きました。見事合格。

その子のご両親から、お礼として料理店に連れていってもらったのが、生まれて初めての西洋料理店です。

スープのあとに出てきたサラダに、白いブニュッとした、直径五ミリ、長さ三センチほどの野菜が入っていて、あまりの美味しさに驚いてしまい、私はその野菜の名前を聞きました。

それはホワイトアスパラガスでした。

野菜の名前さえも知らず、こんなに美味しいものを食べたこともなく、これが高級料理というものなのかと感動したものです。

そして公立に受験した子も合格しました。教え子たちが合格すると、自分のことのようにうれしかったですね。

高校を卒業するとき、担任の東先生に「二年後に内申書をもらいに来ます」と宣言しましたが、先生は本気にはしていなかったようです。

三年生の夏休みに、また具志頭先生から「書いてこい」と言われて書道を書いた私は、今度は最高の特賞をとったのです。

新聞に、「決して上手ではないが、東風流だ」と批評もされました。

これまで学校の書道の時間以外に字を習ったことがありませんでしたから、確かに自己流です。

ちなみに書道の通信簿は、二年生のときも4でした。

沖縄で一番になっても5の評価はもらえなかったので、私はなぜですかと聞いたのです。

すると先生は、「君の字は私が教えた字ではないから、この高校では4だが、沖縄ではトップだからよいだろう」と言いました。

私は、そんなふうに言う書道の先生が好きでした。

高校を卒業し、琉球大学に合格した私は、将来の夢に向け、どんなことでもできる気がしていました。

沖縄の人々が、日本への復帰運動を盛んに行っていたころのことです。

第五章　夢に向かって

当時の琉球大学の授業料は、年間二十ドルだったと思います。一ドル三百六十円の時代です。

父には一切援助してもらうつもりはなかったので、父も何も言いませんでした。入学準備品、教科書、授業料すべて、家庭教師のアルバイトで貯めていたお金で支払いました。

私の夢は二年後の歯科大への進学ですから、とにかく琉球大学時代は受験勉強とともにお金を貯めなければいけません。私はまた家庭教師のアルバイトをしながら貯金をすることにしました。家業を手伝いながら、ひそかに受験勉強をしていました。

大学一年のとき、母と一緒に住んでいた千恵姉さんから、「知り合いの子を公立高校に進学させたいので教えてくれないか」と頼まれました。

千恵姉さんの知り合いの家は母子家庭で、中学三年生の男の子と、中学一年生の女の子がいました。

二人ともいつも外で遊んでいて日焼けしていて、健康優良児のような可愛い子たちでした。教えるのは受験生の男の子主体です。成績は中の下でした。

二人の母親は、ミシンで生計を立てていましたが、子どもの勉強の面倒をみることができず、子どもたちはほとんど勉強をしていませんでした。まるで私の中学時代を見ているような気がしました。

そのような家庭でしたから報酬はわずかでしたが、私の夕食も出してもらい、私も受験勉強をしました。

最初、男の子を教えていると妹が邪魔をしてきたりしましたが、二、三度叱ると、大人しく勉強をしてくれました。

男の子はやんちゃでしたが、非常に頭が良かったのです。

母親の目が届かず、いままで勉強をしてこなかっただけで、勉強を教えると、それこそ砂に水を撒《ま》くのと同じように、驚くほどどんどん吸収していきました。

彼は受験をすることに不安を持っていましたが、私は自分の家庭の事情を話し、「君には身近にお母さんがいるではないか、いまがんばらなくてどうする。私も歯科医になりたいためがんばっているんだよ」と、まるで弟に話すように励ましました。

それから彼は猛烈に勉強しました。

私は教える喜び、共に学ぶ喜びに目覚め、何物にも代えがたい最高に幸せな時間を過ごしました。

男の子は見事に首里高校に入学できました。

彼はその後、国費生として本土の医学部に入って医者になり、沖縄のために尽くすことになるのです。


大学生になってからは、家の手伝いをほどほどにしかしませんでした。もう大人になりつつある私ですから、父も昔のように叱ったりはしません。

アメリカ統治下の沖縄では、本土復帰への願いを込めて、あちこちでデモ行進が行われていました。復帰運動が盛んなころです。琉球大学の学生のみで数か月に一度くらい、那覇の琉球政府のビルまでデモ行進をしていました。

私も何度か参加しました。那覇市民も復帰を望んでいましたし、琉大生のことは大目に見てくれていました。

デモ行進といっても、誰も武器など持っていなくて、平和的行進です。

安里の交差点では渦巻き状に行進していました。なんくるないさの沖縄の大らかな性質だからでしょう。青春のエネルギーを発散させているようなもので、なかなか楽しいデモ行進でした。

服を買うお金などない私は、夏でも黒いサージの生地の学生服のズボンを穿《は》いていましたから、汗をかくとズボンの折り目に汗が乾燥して塩分がつき、くっきりと線が浮き上がりました。

久栄は警察官でしたから、デモ行進をしていると、交通整理をする久栄やその同僚と行き交うことがありました。

母の家で久栄と顔を合わせると、どこどこに居たよねと笑い合ったものです。警察官だって本土復帰を望んでいたし、お互いに暴力的ではなかったので、話のネタとして楽しんでいました。

沖縄が本土に復帰するのは、それから七年後のことです。

デモ行進を楽しんではいましたが、学生はみんな沖縄の未来について真面目に考えてもいました。同じようにアメリカの統治下に置かれていた奄美大島が日本に返還されたのは、私が小学生のころでした。

そのころは何もわかってはいませんでしたが、調べてみますと、かなり激しい復帰運動の末に勝ち取った復帰だということがわかりました。

アメリカの統治下にあるというのは、経済的にも思想的にも苦しいことなのです。日本に復帰すると経済が混乱するという意見もありましたが、それは復帰後数年のことで、奄美大島は返還後の混乱から立ち直っていました。

日本とアメリカからの沖縄への援助金は、日本政府が一県へ与える援助金よりもはるかに少なく、税金は二倍以上も高いのです。沖縄の人々が苦しんでいることを、本土の人たちに知ってもらいたいと、私は真剣に思っていました。


その年の八月、母は肺の手術をすることになりました。

入院、手術費用はすべて国からの援助です。輸血だけは自力でなんとかしなければいけませんでしたので、兄たちと私が幾人かの友人に頼んで献血してもらいました。

私は可能な限り母を見舞いに行きました。病室のラジオからはプロ野球の実況中継が流れていたのを覚えています。アナウンサーがON《オーエヌ》とかNO《エヌオー》とか言っているのを聞き、そのときはなんのことだろうとわかっていませんでしたが、それが王貞治選手と長嶋茂雄選手のことであったのだと知ったのはあとのことです。

母の手術は成功し、退院して千恵姉さんと暮らしていた家に戻りました。

そのころ千恵姉さんには縁談の話がきていました。千恵姉さんは歳が四十代で結核だったことで躊躇《ちゅうちょ》していましたが、母がこれもご縁だからと結婚を勧めましたので、結婚することになりました。

春になると洋子も東京から戻ってきますので、母は姉と久栄と三人で、新しい家を借りることになりました。

やっと母の元に、家族と暮らせる平安な日々が戻ってきたのです。

姉は二年間の専門学校を卒業し、沖縄に帰ってきました。東京生活での学費や生活費などの借金を抱えていたので、すぐに仲屋商事の編み物教室の先生として勤めることになりました。

隣家の仲屋商事は、ミシンだけでなく編み物機も扱っていましたし、当時は編み物が盛んに行われていました。

一年ほど仲屋商事で編み物を教えていましたが、父の米屋の事務員が辞めましたので、父が姉を無理やり辞めさせて、米屋の事務員をさせました。

姉は毎月、社会福祉団体と親戚に借りたお金を返していましたから、父の米屋の事務員になったとき給料が落ちて困っていましたが、父には逆らえなかったのでしょう。

しかし父は翌年の昭和三十九年、宅地建物取引士の試験に合格し、三原で不動産業を始めることになり、安里の米屋の権利を人に譲りましたので、姉は事務員から解放され、独立して編み物教室を始めました。

父が資格試験を受けるとき、私も不動産関係の参考書を見ながら父に勉強を教えました。これまで私の言うことなど一度も聞いたことがなかった父が、素直に私に勉強を教わっている姿を見るのは、なんとも不思議な感じがしました。

私は琉球大学の二年間で、三年次に進級できる最小限の単位を取り、歯科大へ願書を提出しました。

退学する予定の大学で最小限の単位を取っていたのは、受験に失敗した場合、春休み中ですからすぐに復学して、三年次の授業、ゼミナールの申し込みに間に合うようにするためです。

受験先は、それらの条件を満たすため、私立の神奈川歯科大学を選びました。

父には内緒で様々な手続きを行い、パスポートも取得しました。

一週間ほどで退学が受理されてから、私は父の帰りを待ち構えました。

父が家に帰ってくるのは遅く、めったに顔を合わせることがなかったのですが、私はひたすら待ち続けました。

そして父が家にいる日、私は父の前で正座をして、覚悟を決めて言いました。

「歯科大へ行かせてください。もう大学は中退してきました。受験の準備と受験費用は準備しています。合格したら授業料を貸してください」

父は声を荒らげて怒りました。私は五時間ほど正座していました。

その日は父から承諾を得ることはできませんでしたが、三日後にやっと許しが出ました。しかし不合格だったらすぐに家の手伝いをするという条件付きです。私は心の中で、絶対に合格するぞと誓いました。

私の歯科大学受験の話を聞きつけたらしい伯父が、「君ら四人兄姉弟のうち、誰か一人でも成功したら、十本の指をすべて落としてやってもいい」と言いました。

伯父は、世間的には成功している金持ちの父に昔から頭が上がらなかったので、私たちを辱めることで憂さ晴らしをしていたのでしょうか。私は小さいころから、さんざん伯父に虐められていました。大嫌いな人物でした。

そして、母がやっと肺の手術を経て長い病から奇跡的に回復し、兄や姉と暮らしながら平穏な日々を送り始めたころ、父はまた新しい女を囲いました。

今度の女はタツ子という名でした。

市会議員の父は、もうかなりの資産家になっていたので、いろんな女が寄ってきたようです。

タツ子は、飲み屋で働いていたところ父と知り合いになり、父が那覇市会議員であり、かなりな資産家であることを知りました。

父が四番目の妾であるユキ子家族と平安に生活していたときに、父と半同棲をするようになりました。そのためユキ子は精神に異常をきたし、精神病院に入院するようになりました。その結果タツ子は父と堂々と同棲するようになり、父の五番目の妾となりました。

そんな家庭環境の中、私は二月に、二週間後の試験へ向けて沖縄を出発しました。

那覇港から、洋子や功も利用した千トンのひめゆり丸に乗って、まずは鹿児島を目指します。三等船室はエンジンのすぐ上で、丸い窓の上のほうにやっと波打ち際が見えました。

ほとんど波の中にいるような船室で、この窓が割れたらあっという間に沈没だなあと思っていましたが、不安はほとんどありませんでした。

寸暇を惜しみ、船酔いしないよう横になりながら勉強しました。

那覇港を出発して二十時間、船が鹿児島の港に着きました。船酔いする暇などありませんでした。

パスポートの検閲が始まりましたが、検閲は特等室から始めるので三等室は最後です。上陸するまで二時間ほどかかりました。

鹿児島市内で学生用の安い宿に一泊し、翌日、西鹿児島駅から急行「霧島」という列車に乗るのです。

東京駅へ着くのはさらにその翌日。二十七時間もかかる長い列車の旅です。

鹿児島駅でまず驚いたのは、ホームに入ってくる汽車の煙と、ポーッという大きな汽笛の音です。沖縄では汽車を見たことがなかったので、度肝を抜かれてしまいました。

それから桜島の噴煙にも驚きました。沖縄の青い空と違って、鹿児島の空は噴煙で灰色になっていたのです。

いよいよ列車に乗り込みます。

座席は夜になると三段のベッドに変わるので、一番安い最上段のシートを確保しました。

列車が動き出します。

私の胸には、希望しかありませんでした。

兄も姉もこうやって上京したのかと思うと、不安は一切なかったのです。

東京駅へ着くと、兄の功が迎えに来てくれていました。

私は功の八王子の部屋に一週間居候をする予定でした。

功はアルバイトをしながら東京の大学に通っていましたが、やがて授業料が払えなくなり、二年で退学していました。

功は良い体格に恵まれていましたので、高校時代には空手部のキャプテンをするほどの猛者で（流派は剛柔流です）、大学に入学してからしばらくは空手道場で師範のアルバイトをしていましたが、お金が続かなかったようです。

八王子の功の部屋で受験勉強を始めましたが、沖縄から来たばかりの私にとって、八王子はとても寒く感じました。

朝、功が出勤するとアパートの部屋で勉強していましたが、窓の外で何やら、空からちらちらと降ってくるものが見えました。

東京は光化学スモッグがひどいと聞いていましたので、スモッグだと思いましたが、あまりにも寒いものですから、まさかと思い、二階の窓に近づいて外を見ると、白いものがふわふわ降っているのです。

私は小躍りして、ドテラを着たまま外に飛び出していました。

「雪だー！」

小学五年生のときに霰《あられ》が降り、笊《ざる》を持って外に飛び出していったことを思い出しました。

ちらちら降る雪って、冷たいけれど情緒があり夢があります。

雪が降り積もるに従い、辺り一面が銀世界に変身するではありませんか。沖縄では決して見ることができません。

その日からの八王子は、雪、雪、雪です。

安アパートですから、寒い、寒い、寒いですが、そうは言っておられません。合格せねばなりませんから。

ある日のお昼、八王子駅の近くの文房具屋に用事があり、雪の中を十分ほどかけて歩いていきました。

すれ違う人々が振り返って私を見るではありませんか。気に留めないようにしましたが、確かに私を見ているのです。お店に入って買い物をしているときも視線を感じました。

そのときには見られている原因がわからなかったのですが、私の出で立ちは、兄に貸してもらったドテラに長靴を履きマフラーをして、両手はドテラの袖に突っ込んで歩いていたのです。

あとで功に聞くと、ドテラは部屋着だと笑われました。

南国から出てきて、はじめてドテラを着たのですからわかりませんよね。


入学試験の一週間前に、大学を下見に行きました。

八王子駅から中央線に乗り、東京駅で横須賀線に乗り換えます。

横浜を過ぎ、いくつかのトンネルを抜けるごとに、景色はどんどん田舎の風景になっていきます。当時の横須賀は、那覇よりも田舎のように思えました。

横須賀駅に降り立つと、左手に海が見え、軍艦やドックも見えました。右手には古い家や防空壕があり、正面に見えるひときわ目立つビルには、アメリカ軍のＰＸ（売店）などが入っていました。

駅前からバスに乗り、大滝町というバス停で降りました。街並みは穏やかで、私は一目で気に入りました。

バス停から歩いて三分ほどで、神奈川歯科大学の古い昔ながらの瓦の校舎が見えてきます。海がすぐそばで、その雰囲気もとても気に入りました。この大学に必ず入ろうという闘争心が湧き出しました。

なぜこんな田舎の、軍港のある横須賀の大学を目指したかって？

それは、神奈川歯科大学は新設校で海に近いし、私は田舎育ちで東京には馴染まないだろうと思ったからです。

しかし何より、受験日がほかの大学より遅いので、琉大の二年の単位を修得し、万が一受験に失敗したときは、急いで手続きをすれば琉大に復学できるからです。いわば姑息な計算だったかもしれません。私には浪人は許されません。

入学試験一日目、試験が終わると事務局から用事があると呼び出しがありました。事務員の方について事務局へいくと、「寄付金をお願いする場合がありますが、寄付金は出せますか？」と聞かれました。

田舎出身の私にとって、寄付金のことなど寝耳に水です。

「寄付金があると、なぜ募集要項に書いていないのですか。一万円ならありますから出せますが、それ以上ならば無理です」

私はそう主張しました。

寄付金を出せない私は、この大学へ入学することは無理なのかと思いました。でもあと一日試験が残っています。入試を受ける権利はありますから翌日も受けましたよ。

二日目の試験でも全力を出し切りましたが、寄付金を払えない私はもう歯科医にはなれないのかと思い、半分くらいあきらめていました。

すぐに沖縄に帰りたくなかったので、気持ちを切り替えるためにも、しばらく東京に残ることにしました。時間がありましたので、功が働いている会社の手伝いをしました。

一週間ほど、八王子や立川の町を兄と一緒に車で回り、琉大への復学の手続きをするため沖縄に帰ることにしました。


家に着くと、なんと合格通知が届いていました。

驚きとともに、うれしさがこみ上げました。合格通知と一緒に入学手続きの書類が入っていましたが、寄付金のことなどどこにも書いていませんでした。ホッとしました。

しかし、入学手続きの締め切りまで時間がありませんでした。私はすぐに大学に電話をして、入学したい旨を説明すると、少し待ってくれるとのことでした。

久栄と洋子が家に来てくれまして、私の入学を認めるよう、父の前で一緒に頭を下げてくれました。

歯科大に進学できることだけではなく、兄たちが私の夢を応援してくれることがとてもうれしく、胸がいっぱいになりました。

それからは父と今後の話し合いです。

必ず返却するという約束のもと、大学の必要経費以外は一切仕送りしない、そして領収書を切るという条件で、父から最低限の資金を借りることになりました。

一か月の生活費は五十ドル、日本円にして一万八千円です。

父から契約書を書くように言われ、「卒業までに借りたお金は全額返済します」と書くと、「父の老後の面倒をすべてみる」という項目を書き足すように促され、正式な書面となるよう署名捺印をして父に渡しました。

冒頭に、「東風久士殿　東風勝男」と自筆で書き、押印もしました。

父はそれを金庫に保管しまして、その後、事あるごとに契約書を見せてきました。親子なのに情けないですね。親子以下の人間関係です。飲み屋の女だったタツ子も、それを保管していることを述べ、だから遺産はないといつも言っていました。

そのようにしてやっと、神奈川歯科大学に入学金、授業料を振り込んでもらうことができました。


それから私は、急いで本土での生活の準備に取りかかりました。

なるべく新しいものを買わずに当面の生活ができるよう、家にある布団と毛布をまとめ、安いポーク缶詰をたくさん買い込み、本土では高いというコーヒーも布団袋の中に入れました。私はコーヒーは飲みません。これからお世話になるであろう方々へのお土産です。久栄が、自分の一張羅のスーツを私が着られるようサイズ直しをしてくれました。久栄は長身でがっちりしているので、背が低く痩せている私のサイズに直すのに、仕立屋さんもかなり苦労したようです。

直す前のズボンの股下は、私の胸の高さまできました。直したあとのスーツの背広のポケットは、おかしな位置になりました。私が着ると、誰が見ても仕立て直しだとわかりましたが、私にとってはありがたく、今度は私の一張羅になるのです。

高校時代に着ていた学生服や、着古した普段着もすべて、布団と一緒に布団袋に入れました。布団袋は姉が東京へ行くときに使っていたものです。

生活のための準備品は、父から一円ももらうことなく用意しました。私は希望に満ちていて、夢が膨らむばかりです。


出発の日、那覇港から千トンの沖縄丸に乗って、岸壁に見送りに来てくれた姉に向かってテープを投げました。

色とりどりのテープが船と岸壁の間に揺れています。当時は船に乗って出発する人は、見送る人に紙テープを投げ、それぞれの想いをテープでつないでいました。

私は、島から、父から、やっと解放される喜びと、歯科医への大きな道が開けた喜びをかみしめ、「やってくるぞ」と気持ちを込めて、姉とつながっているテープをしっかりと握りしめていました。

ドラが鳴り響き、いよいよ出発です。

大きな夢に向かって、私の人生の船出です。

港を出港してから四時間ほど経つと、海が大荒れしてきました。

船底の三等船室に横になっていた私は、耐えられず船酔いです。

三等船室を紹介しますと、まず乗船すると地下に降りるように階段を下り、十畳ほどの部屋がいくつもあります。仕切りはありません。

部屋に入るとまずやることは、毛布を一枚取ることです。畳まれている毛布を広げて床へ置くと、それが自分の居場所であると認知されるのです。

毛布の広さは肩幅の一・五倍ほどでしょうか。頭の上に他人の頭があります。つまり縦に二人、横に七人、十畳ほどの部屋に合計十四人ほどです。

いまでは考えられない男女同部屋でしたが、問題が起こったということは聞いたことがありませんでした。

船酔い防止のため横になるのですが、三等船室のすぐ下は機械室です。エンジンの響きが背中からまともに伝わってきます。それと同時に機械の焼けるようなにおいが鼻につき、それだけで船酔いするような感じになります。

近くの人が船酔いで嘔吐《おうと》すると、そのにおいも加わり船酔いをするのです。

お昼は決まってライスカレーが出ます。しかし私は船酔いがひどく、ほとんど食べることができませんでした。胃に嘔吐物がなくなると黄色い胃液まで出るのです。食事をしている人はわずかです。

特等室や一等船室では食事も三等船室とは異なるようです。

その後、夏休みに沖縄に帰るときもありましたが、あるとき隣に、私より年下の女の子が寝ていました。私はいつもならすぐに船酔いになりましたが、そのときは船酔いをした女の子の看病をするために起きていて、気がついたときには下船まで船酔いをしなかったのです。男は隣に可愛い女の子がいると、見栄でも船酔いはしないものなのですね。

話はそれましたが、二十時間も揺られて、やっと鹿児島港に着きました。

すべての手続きが済んで鹿児島港に降り立つと、預けていた大きな布団袋を受け取り、自分でその重たい荷物を運び、前回も乗った急行霧島に乗り込みました。

寝台車の上段を確保します。ベッドは三段で、下段が一番値段は高く、上になるに従い安くなるのです。昼は座席ですが、夕方になるとベッドにメーキングされるのです。

トンネルに入る前に、耳をつんざくほどの「ポー」という汽笛が鳴り、窓辺に座っていた私の顔に煙がボワーッと降りかかってきました。

隣席の方から、早く窓を閉めるようにと注意を受けます。鼻の穴は真っ黒です。

電車と聞いていましたが、九州を出るまでは煙を吐く汽車です。東京駅に着いて荷物を受け取り、改札口まで赤帽さんに頼むことなく荷物を運びました（当時、駅の構内には、荷物を運んでくれる赤帽さんという職業の人がいたのです)。

重い荷物を運んで改札口を出ると、兄の功が迎えに来てくれていました。

功と一緒に、八王子まで布団袋とともに移動しました。下宿先が見つかるまで、しばし功の部屋に居候です。

翌日、横須賀へ行き、入学手続きをしました。私の学生番号は、カ行ではなく最後のほうになっていました。入学手続きが遅れたためです。私のように遅れていた学生が五人ほどいました。

手続きを終え、教科書を受け取ったあとは、そのまま下宿探しへ行きました。

私の下宿探しの条件は、大学から歩いて三十分以内、食事を出してくれるところです。大学から歩き始め、通称ドブ板通りと呼ばれている汐入を過ぎ、景色の良い丘の上の、下宿をさせてくれそうな家の呼び鈴を、片端からピンポンと押しました。呼び鈴がない家があるとノックをして、下宿をさせてもらえないかと聞いて回りました。

もうその時期は、下宿させてくれるような家にはすでに下宿人がいました。私の下宿探しは難航しましたが、あきらめずに探し回り、一軒の古い大きな平屋の家に辿り着きました。

表札に斎藤と書かれた家の呼び鈴を押し、「これから歯科大学に入学するものですが、下宿をお願いできませんか」とお願いしました。

その家には老夫婦が住んでいました。私の必死な顔を見て、困り果てているのが伝わったのか、ご主人が言いました。

「空いている部屋はあるけど、もうすぐこの家は壊すんですよ。ですから三か月だけでよければどうぞ、部屋代もいりませんよ」

斎藤さんご夫婦は、息子さん一家と一緒に暮らすために、三か月後にはこの家を壊し、二世帯住宅を建てる予定だったのです。

私は親切な斎藤さんご夫婦の家に下宿させてもらうことになり、早速翌日、八王子から引っ越してくることになりました。

荷物は布団袋のみですから、一人で引っ越しができます。

斎藤さんご夫婦へのお土産は、布団袋に入れてきたポーク缶とコーヒーです。お二人とも喜んでくれました。当時、コーヒーなどの輸入品は関税が高くかなり喜ばれたのです。

沖縄から出てきたばかりの私にとても親切にしてくれた素晴らしいご夫婦でした。

部屋は六畳で机も何もありません。夕食は老夫婦と一緒に食べました。

斎藤さんご夫婦と、家族同様の生活が始まりました。お風呂も入れてもらいました。食費はかなり安かったです。二人分作るのも三人分作るのもほとんど変わらないのだからと言ってくれました。私は貧乏学生ですので大いに助かりました。お二人のご厚意に甘えることにしました。

桜吹雪の舞う中、入学式が行われました。

大学は桜の名所と言われているだけあって、校門をくぐると、かなりの数の老木の桜が道に覆い被さるように咲いていていました。桜色のキャンパスで、私の夢は無限に広がりました。

私は久栄のお下がりのスーツを着ています。久栄が自慢していたイギリス製スーツですが、なにせ無理やりに仕立て直していますから、バランスは良くはありません。ですが私は胸を張って入学式に臨みました。このときの私の様子は、のちのちまで同期の友人たちに笑われることになります。おかしなスーツを着ていた男として、みんなの記憶に残ることになるのです。

神奈川歯科大学の前身は、日本初の女性の歯科医を育成する学校でしたから、女性の学生も多くいました。明治四十二年に東京女子歯科医学講習所として東京の神田に開設された学校は、翌年に東京女子歯科医学校となり、関東大震災のあとに品川に移転、そして昭和三十八年に横須賀へ移転し、神奈川歯科大学となったのです。

私は、私のことをおかしな奴だと思って興味を持ってくれた気のいい同期の数人と、すぐに仲良くなりました。

一番はじめに仲良くなった相馬くんは弘前《ひろさき》出身で、空手部で五分刈り、絵に描いたような硬派な男でしたが、高校時代の部活は音楽部でした。

鎌倉出身の高垣くんも同じように空手が得意で、酒も飲めないのに最後まで付き合ってくれる男です。人情味があって、自分の信念がしっかりあって、深い付き合いができました。

大阪出身の菅沼くんは、商科大学を二年で中退していて暗算の名人。この三人が、私と同じ年でした。

それから現役で合格している田上くんは川崎出身で、雄弁に持論をまくしたてますが、見かけはハンサムで、いまでいうジャニーズ系です。

私より三つ年上の飛梅くんは、防衛大学に通っていたときに歯科大が見えたので興味を持って入学してみたという経歴の持ち主です。豪快なお酒の飲み方をしました。

そして二つ年上の吉田くんは東京の練馬育ちで、有名高校を卒業し、大学を中退してきていました。吉田くんはみんなの意見をよく聞くので、みんなのまとめ役となりましたが、あまりに柔軟な彼の態度が、私には優柔不断に見えるときがあり、「怒るときにはもっと怒らないとダメだ」なんて、年上の友人に向かって偉そうに苦言を呈していたものです。

大学が新設のためか、現役の学生より私よりも年上の学生のほうが多く、私と同じように、ほかの大学を退学してから入学してきた人がたくさんいました。中には教員よりも年上の人もいました。

バンカラな学生が多く、私が仲良くなった友人たちもほとんどが硬派でした。バンカラな学生は学生服を着て通っており、私には着るものが学生服しかなかったので、なんだか助かりました。

新設されたばかりの大学なので、私たちは二回生です。一学年に百三十人ほど、一回生と合わせても、学生数は二百五十人ほどでした。

私はこれまで、なんでも話せる仲の良い友人というものがほとんどいなかったので、入学早々に仲の良い友人たちができたことがうれしくて、はじめて人生を謳歌《おうか》している気分になりました。

下宿先の斎藤さんご夫婦は、毎日美味しいご飯を食べさせてくれました。毎日美味しいご飯が食べられるというのは、私にとって何より幸せなことです。

しかし三か月間の約束ですから、長く落ち着ける下宿先を探さなければなりません。授業が終わってからは下宿探しです。

不動産屋に頼まずに、自分で下宿を探しているのは私だけです。できたての友人たちに一人で下宿を探していることを伝えると、皆が「まさか」という顔をしていました。

私立の歯科大に通っている学生は、ほとんどが金持ちのお坊ちゃんやお嬢ちゃんばかりで、私のようなお金のない学生はほんの一握りです。

それに入学までにアパートに落ち着いているのが当然です。学校が始まってから下宿を探すという人間は誰もいませんでした。

しかし、一人で下宿探しをするのも楽しいものです。

私にとっては新天地の開拓ですし、授業が終わってから学生服を着て探していましたので、あまり怪しまれませんでした。断られても苦になりません。

五月も過ぎようとしているころ、百四十七段の階段を上った先に、景色のよいトタン屋根の二階建ての一軒家がありました。表札には横山と書かれています。ベルを押すのは慣れたものです。とまどいはありません。ベルを押しました。

すると五十歳代のご婦人が出てきました。

事情を話しましたら、物置部屋に使っている部屋があるのだが、その部屋なら貸してもいいよとのことで、その部屋を見せていただきました。

そこは三畳の部屋で、隣家の庭より一メートルほど下がったところにあり、しかも庭木が窓に覆い被さっていて、陽がまるっきり当たらない部屋でした。

しかし一畳千円、風呂なし、一食百円（朝食も夕食同じ値段）、電気代は別料金とのことでした。

何しろ仕送りは五十ドル、当時は一ドル三百六十円でしたから、一万八千円ですべてを賄わなければなりません。安いのは何よりも魅力です。

六月に入居したいという希望を述べると、承諾してくれました。夕食のみお願いすることにしました。朝食は買ってきたパンを食べると安くつきます。

不思議なことに、表札にはご主人の名前が書かれていましたが、奥さんの意思だけで決定したのです。後日わかりましたが、ご主人は横浜港で艀《はしけ》の船長をしていて、その日はまだ帰宅していなかったのです。

六月になって、斎藤さんご夫婦の家から八百メートル先の横山さんの家へ引っ越すことになりました。

お世話になった斎藤さんご夫婦に、菓子折りを添えて感謝の念を伝えました。

「私たちも、あなたと一緒に過ごせて大変楽しい思いをしましたよ、ありがとう。がんばって立派な歯医者さんになりなさいね」

なんと素晴らしいご夫婦なのでしょう。感謝しているのは私のほうです。

友人たちは、私の荷物の少なさに驚いていました。荷物といっても布団くらいしかないのですから、引っ越しはあっという間に終わりました。

引っ越しを手伝ってくれた友人たちは、私の荷物の少なさと、まるっきり陽の当たらない三畳の小さな部屋を見て、「本当にここで生活できるのか?」と驚いていました。

友人たちには私より二倍近い仕送りがありましたから、こんな部屋で満足している私のことが不思議でしょうがなかったようです。変人だと思われたのかもしれませんが、彼らからは畏敬の眼差しを送られました。

しかし、最初に下宿をさせてくれた斎藤さんや横山さんの寛大な心と親切は、私の心にしみました。最高の喜びです。

四十六キロの痩せた身体で、不動産を通さずに呼び鈴を押してきた、どこの馬の骨かもわからない保証人もいない見るからに貧乏学生の私を下宿させてくれることは勇気がいったことでしょう。斎藤さんと横山さんに出会えたことは、私が本土に来て人に恵まれたと思う原点です。

私の部屋の窓の外には、人が一人通れるほどの通路があり、私の首が出るところに隣家の庭がありました。そこには、目隠し用の庭木が植えられています。それによって陽がまったく当たらないのです。

部屋には一畳の押入れがついています。一畳といっても下段のみで、上段は隣の部屋の押し入れです。押入れの半分に布団を入れ、半分は着替えなどの荷物を入れました。

古道具屋から机を購入して部屋に入れると、布団を敷くのがやっとです。寝るときは押入れから布団を伸ばし、膝から下は押し入れの中に入れて眠りました。でも不自由は感じません。私にはぴったりの部屋でした。

横山さんの家には、横山さんのご主人と同じように艀の船長をしている若い男性が、隣の六畳の部屋に下宿していました。横山さんのご主人はやさしくて大人しい気質で、かかあ天下の奥さんと、息子さんが一人いる仲のいい三人家族でした。

私は卒業するまで横山さんの家に下宿することになります。五年生のときに、隣室の男性が結婚するため出ていくことになり、そこへ移ることになりますが、最後まで仕送りは五十ドルでした。

六畳の部屋に移って早々に、高校時代の友人が、アメリカ留学の準備のために二か月ほど私の部屋に滞在していまして、そのときはじめてお金が足りなくなり、兄の久栄に援助を頼みました。

久栄から早速十ドルが送られてきて、感謝、感謝です。生活費が足りなくなったのはその一回だけです。私は家計簿をつけていて、ときどき父に報告していました。

私は沖縄でのつらかった学生生活を振り返り、青春のきらめきを取り返すべく、様々なことにチャレンジすることに決めました。

一年生のときに、マラソンを始めました。

ただ走るだけならお金がかかりませんし、私はひ弱だったので、体力をつけたいと思っていたのです。記録を測ってタイムを詰めていくようなことはしませんでしたが、少しずつ走れる距離が延びていき、特に雨の日に走るのが気持ちよくて好きでした。徐々に体力もついてきて、自信もつきました。

夏休みには相馬くんの弘前の家へ連れていってもらいました。そのあともお正月、冬休みと何度も弘前へ行き、相馬くんの部屋が自分の部屋になったような気がしました。

二年生のときの学園祭で、飛梅くんと相馬くんと三人で羽織袴姿になり、与謝野鉄幹の「人を恋ふる歌」を歌いました。あまり上手ではなかったと思いますが、歌唱大会の審査員だった年配の教授たちは涙ぐんで感動してくれて、入賞することができました。

吉田くんは、私と同じように四年生になるころまで学生服を着ていました。彼はとても穏やかで、みんなにとっての癒しの存在で、私にとっても大切な存在でした。

そんな彼に、「怒るときはちゃんと怒れ」と言っていたのですから、私は理不尽なことに対して人一倍怒りを感じやすかったのかもしれません。

大学からの行き帰りに、まんじゅう屋さんを通るのですが、まんじゅう屋さんにはなぜか大量の川柳が貼り出されていて、良い川柳をつくった者にはまんじゅう一個無料と書いてありました。

皆で挑戦してみようということになりました。

四人の仲間とまんじゅう屋へ入り、私がつくった川柳が二句採用されたため、二個のまんじゅうが無料となり、四人で二個分のまんじゅう代で済みました。

三年生のときの大学祭で、新聞部の友人から弁論大会に出てくれないかと頼まれた私は、「陽の当たらぬ島」というタイトルで、故郷の沖縄について、普段から思っていることを論じることにしました。

戦時中は日本の盾となり、島の人々がたくさん亡くなったこと。講和条約が結ばれてからもなお日本の十字架を背負い、母国から切り離され、異民族の支配下にあること。日本語を使いながらもドルを使って暮らしている奇妙な島の沖縄の実情を、学生や来場者たちに向けて論じました。

沖縄の民は、日本の民であって、植民地的奴隷ではない。一日も早く日本復帰を願うと訴えた私は弁論大会で優勝し、賞状と盾をもらいました。

ちなみに姉の洋子は、結核療養から復帰した高校二年生のときに、弁論大会に出て沖縄で二位になったことがあります。そのときに優勝した生徒は全国大会で優勝していますから、かなりレベルの高い弁論大会だったのです。

新設されたばかりの神奈川歯科大学では、教授陣もフレッシュでした。教育・研究に燃えていました。

医学部出身の薬学の教授などは洋行帰りで、黒板に書く文字は英語ばかりで、日本語で書いた文字は年間でたった数行でした。でも人情味にあふれた先生で、私はとても好きでした。

ほかの教授も素晴らしい方々ばかりで、私は教授たちにも恵まれていたのです。

六年になると、病院実習が始まりました。

口腔外科手術室で、舌悪性腫瘍根治手術を見学しているとき、時間が経つにつれ、血の臭いが鼻についてきて、辺りが真っ暗になってきてしゃがみ込みました。貧血を起こしたのは私だけでした。

そのころ私は、入れ歯や被せものをする科である補綴《ほてつ》科の教授に誘われて、大学を卒業したらその科に入局するつもりでいたのですが、しかし、手術を見て貧血を起こすようでは医者ではないなと察し、口腔外科へ進むことを決心したのです。

口腔外科では、副鼻腔の手術もします。歯からの症状は口腔外科、鼻自体の症状は耳鼻科の管轄です。

いよいよ歯科大を卒業することになり、卒業式には父が借金返済をさせるために私を連れに来ましたが、私はすでに口腔外科の医局へ残る決心をしていましたので、教授から父を説得してもらいました。

教授に説得された父は、「二年間だけ待つ」と言ってあきらめて帰っていきました。

昭和四十六年、私は卒業と同時に歯科医師国家試験に合格し、晴れて歯科医となりました。

私の夢が叶ったのです。

歯科大で過ごした六年間は、本当に素晴らしい時間でした。

高校二年生のときに歯医者へ行ったとき、いきなり麻酔をされて歯を抜かれて痛い思いをしたことから歯科医になると決心しましたが、実際に歯科医になってみると、あのとき私が痛い思いをしたのはしょうがないことだとわかりました。歯茎が腫れてとても痛い急性症状のときは、麻酔があまり効かないのです。

あのとき、あれだけ痛い思いをしたことが、いまとなってはとてもありがたいことに思えます。あの経験があったからこそ歯科医になることができたのです。

医局へ入ると、少ないですが給料がもらえるようになりましたので、下宿を出て安いアパートを借りました。

口腔外科では、歯を抜いたりするだけではなく難しい手術などもありますから、毎日が緊張の連続ですが、とてもやりがいがありました。

医局に入って一年を過ぎたころ、私は結婚することになりました。

私の結婚式には、父も母も出席してくれましたが、滞在先は別々でした。

仲人は、医学部出身の伊藤教授にお願いしました。

結婚式の招待状をつくって教授室へ持っていきまして、「この度は結婚しますので、よろしくお願いします」とお渡ししました。すると教授は「おめでとう」と言いながら、招待状を開いてびっくりしています。

なぜなら、仲人の欄に、教授の名前が書いてあったからです。

私は教授に相談することなく、勝手に教授の名前を書いたのです。

「みんなに配っていますから断れませんよ」とお伝えすると、教授は笑って承諾してくれました。教授にとっての仲人第一号が、私たちの結婚式でした。

結婚してすぐに、久里浜の高台にある新興住宅地にある家を借りました。

父には、二年間だけと言われていた医局勤務も、結婚したことでそのまま続けることになりました。

それから母に仕送りを始めました。

母はそのころ、久栄の家族と一緒に住んでいました。

功も洋子も結婚して自分の家族を持っていました。

私たち兄姉弟は、大変な子ども時代を過ごしましたが、それぞれがちゃんと自分の道に進み、幸せな家庭を持つことができたのです。

私たちを支えてくれたのは、母の愛、そして兄姉弟の絆《きずな》です。

私が結婚した年、沖縄が日本に返還されました。

第六章　そして、それから

昭和四十八年の六月、母から電話がありました。

ひどく鼻がつまり、頭も痛くなり、膿《うみ》が口に落ちてくると言うので、レントゲンを送ってもらいました。

すると上顎洞に悪性的な異常が見られました。教授にもレントゲンを診てもらいましたら、やはり悪性が疑われるからと、早々に手術をすることになりました。すぐに沖縄から来てもらいました。

特別室を準備してもらい入院、諸検査をして三日後に手術となりました。

口腔外科教授が執刀してくれることになり、私も手術室に入りました。悪性の可能性を想定し、組織検査のため病理学教授にも控えていてもらい、疑わしい組織切片を教授に渡しました。

すぐに病理検査をしてくれましたが悪性ではないとのことで、安心して手術を続け、縫合で終了しました。悪性ならば上顎半分切除をする準備もしてありました。

二週間後、術後の異常もなく、母は完治して退院しました。

口腔外科教授の執刀で、組織検査は病理学教授というのは、あまり例を見ないことです。すべて保険でまかなえ、入院手術費は病院従業員価格でしたから、景色の良い豪華な個室の病室は一般病室の値段でした。教授たちのスケジュールや特別室が空いていたことなど、すべての面で恵まれていた母の手術と入院でした。

退院後、母に説明しましたら驚いていました。

母はそれから一か月ほど私の家で療養し、八月初旬に沖縄へ帰りました。

母が帰った二週間後、妻の実家のある日立市の病院で、長男が生まれました。

私は学会発表があったため、お産に立ち会うことはできませんでしたが、三千八百グラムで健康な男の子だと聞き安心しました。三週間ほどで妻の実家から家に連れて帰ってきました。

最初の子ですから、うれしさのあまり聴診器を小さな胸に当ててみると、私の心臓からドックンドックンと音が聴こえるほど、息子の心臓には雑音が診られ、心疾患を確信しました。私はそれをすぐには妻には告げず、五、六歳になるころに手術を受けさせることを決心したのです。

二歳乳幼児健診の直前に、そのことを妻に告げました。

検診結果は予想どおり心房中隔欠損症でした
親として子どもには最大の責任がありますし、最良の治療を受けさせたいと思っていました。

私の生活は手術に照準を合わせ、手術費用捻出のため開業の準備をしました。

開業資金はなく、数行の銀行に融資のお願いに行きましたら、ほとんどの銀行で、頭のてっぺんから足の先まで舐めるように見られ、「融資はできません」と即座に断られました。

しかし大学の財務担当理事である教授が事情を知り、銀行の仲介をしてくれたので、銀行融資にこぎつけることができました。

次に医院の場所を探しました。

鎌倉が大好きでしたので、鎌倉にいい物件があると紹介してもらい訪れてみると、駅から少し離れた鎌倉街道に面したとても良い場所で、駐車スペースもあるビルだったので、そこで開業することにしました。

いよいよ開業のめどがついたので、私は母に報告するために福岡へ行きました。そのころは久栄が福岡勤務となっていたので、母も久栄の家族と一緒に福岡に住んでいたのです。

福岡に着いた日、母に鎌倉で開業することを打ち明けました。

私の決意を聞いたとき、母は少しがっかりしていました。

母の願いは、私が沖縄へ帰り、沖縄で開業することでした。しかし、父の近くにいたくない私の気持ちをよくわかってくれていたので、すぐに母は賛成してくれました。

翌日、久栄が太宰府天満宮に連れていってくれたのを覚えています。父には事後報告をすることに決めました。


昭和五十一年八月、私は歯科医院を開業しました。

長男は三歳になっていて、そのあと生まれた次男が七か月のときでした。

開業とともに、鎌倉霊園にお墓を求めました。

釈月性の題壁「埋骨豈惟墳墓地　人間至處有青山」の決心です。私は沖縄には帰らずに、鎌倉で人生を築き、鎌倉に骨を埋める覚悟を決めたのです。

落ち着く家も都合よく市内に求めることができました、家を求めるとき、藤沢の鵠沼《くげぬま》などで売りに出されている物件を数件見ました。

鎌倉の高台の百十四坪の敷地に、一戸建ての家が売りに出されていました。まだ住民が住んでいましたが、家の中を見せてもらうことができ、リビングや寝室からは富士山がすそ野まで見えました。

私にとって憧れの富士山や相模湾が見下ろせるのです。築四年で、贅沢《ぜいたく》に造られています。持ち主は不動産会社社長でした。

当時はオイルショックの影響で不動産業界が不況で、その方の会社も倒産し、早くお金が必要だったようです。

私も開業したばかりでお金はありませんでしたが、その家に住みたくて、一万円の内金を入れました。

銀行に相談すると、「めったに出ない物件です。全額貸しますからすぐ買うのが良いです」と言われ、周辺の土地よりはるかに安いとのことでしたから、銀行から全額借りることにして即刻買いました。

仲介してくれた不動産会社の社長は、売り主の倒産した社長の友人とのことで、仲介料もかなり安くしてくれたようです。

環境も素晴らしく、子育てにも最高の場所です。

四十年以上経ついまでも、買い求めてよかったと思っています。

兄の久栄が、研修で上京していた折りに、それに合わせて母が鎌倉へ来てくれたことがあります。久栄の研修が終わると、私の家族と一緒に伊豆の堂ヶ島へ一泊旅行に行きました。

私にとって、母と久栄と旅行をするのははじめてのことでした。

伊豆の景色や旅館の美味しい料理と共に、いつまでも忘れられない旅の思い出となりました。


昭和五十三年十月八日、五歳になった長男を東京女子医大心臓外科に入院させました。手術の準備です。次男を日立市にある妻の実家に預けました。

妻の実家には、妻の両親と家を継いだ妻の姉夫婦がいました。妻の実家は割烹料理店をしています。会社役員がかなり来る日本料理店です。次男を預けるには安心できる最高の環境です。

十月二十六日、手術の日です。夫婦で病院近くのホテルに泊まり、午前、早々に病院に入りました。

私は小説を持ち、妻はひざ掛けを編んで過ごしました。小説を読んでも上の空で、妻もそのときは気づかなかったようですが、網目が飛んでいました。

長男の手術の執刀医は、巧妙な心臓外科教授でした。

早朝から始まった手術は、午後二時半に無事終了、もちろん成功です。

病棟には長男と同年代の子どもたちが多数いました。

十一月六日、日立の妻の姉から電話で、次男が急病で救急車にて入院したという報告を受けました。腸重積との診断でしたが、応急処置が功を奏し、事なきを得ました。震天動地の思いでした。

十一月十一日、長男が退院しました。手術は成功しましたから、将来も異状なく成長するとのことでした。次男も腸重積の後遺症もなく、家族四人の生活が戻りました。

それから私は、生命保険をかなり大きく掛けました。妻がその掛け金を見てびっくりしていました。子どもに対しては責任があります。私自身、決して丈夫な恵まれた身体ではなかったので、万一のときに備えたかったのです。子どもたちは、自分たちが中学、高校生になるまで父は生きているだろうかと心配していたことを、彼らが大人になってから教えてくれました。

長男は入院中、心臓外科医になると言い出し、そのまま意志を貫き、心臓外科医になりました。

そして次男は歯科医になりました。

私は息子たちに、将来は医者や歯医者になれなどと、一度も言ったことはありません。のびのびと、自分の好きな道に進めばいいと思っていました。

次男は歯科大学を卒業して歯科大学大学院に進み、学位取得後他医院に勤め、その後私の医院に勤めています。

いま私は歯科医院を卒業しましたが、私の跡をすべて次男が継いでいます。

長男が心臓外科医になって六年ほど経ったとき、長男から電話がありました。

「このまま心臓外科医を続けていたら、自分の身体が持たない、科を変わるつもりだ」

長男の勤めていた大学病院には、終末期の患者さんも多数送られてくるので、身体が休まらないだろうと私も心配していたので、すぐに賛成しました。

長男の仕事は、やりがいはあっても、身体的、経済的犠牲のうえに成り立つ環境でしたので、今度は自分の技術でわかりやすく喜んでもらえる、そしてがんばっただけの結果を得られる美容外科に転職しました。

長男は現在、銀座で美容外科医として腕を振るっています。

さて、私の息子が心臓の手術をする三か月前、信じられないような事実が発覚していました。

兄や姉たちは、私が大変な状況であったことから、息子の手術が無事に終わるまで、そのことを私には伏せていてくれました。

信じられないような事実とは、父が戸籍を偽造していたことです。

青天の霹靂《へきれき》のような事実が露わになったのは、姉が母の戸籍謄本を取ったことから発覚しました。

昭和五十三年七月十五日、姉が母を伴い台湾旅行をするためパスポートを取得せんと、那覇市役所において戸籍謄本を受領したところ、父の戸籍偽造が発覚したのです。

姉がふと見た母の戸籍には、信じられないことが書かれていたのです。

昭和五十二年、三月二十三日、離婚

昭和五十二年、六月六日、結婚

昭和九年に父と結婚した母は、父と離婚した覚えもないのに、昭和五十二年に一度離婚して、約三か月後にまた父と再婚しているのです。

姉は、どういうことかと目を疑いました。

母に確認すると、そんな事実は一切ないと言いました。

確かにそのころ、父は母に離婚を迫っていましたが、母は承諾していません。

調べてみると、父が母の印鑑を偽造し、勝手に提出していたことがわかりました。

父は、母の知らないうちに、昭和五十二年三月二十三日に離婚をし、同年同月日、同棲中のカズ子と婚姻、昭和五十二年五月二日離婚。

同年同月日、同じく同棲中のタツ子と婚姻、同年六月六日離婚、同年同月日、母マツ子と再度婚姻していました。

戸籍上、母が父と離婚していた三か月にも満たない期間に、父は二人の女と結婚、離婚を繰り返しています。ユキ子もタツ子も東風姓になっていました。

こんなこと、まともな人間がすることでしょうか。

仮にも父は、沖縄では名誉ある地位にいる人間です。

東風久士関係図

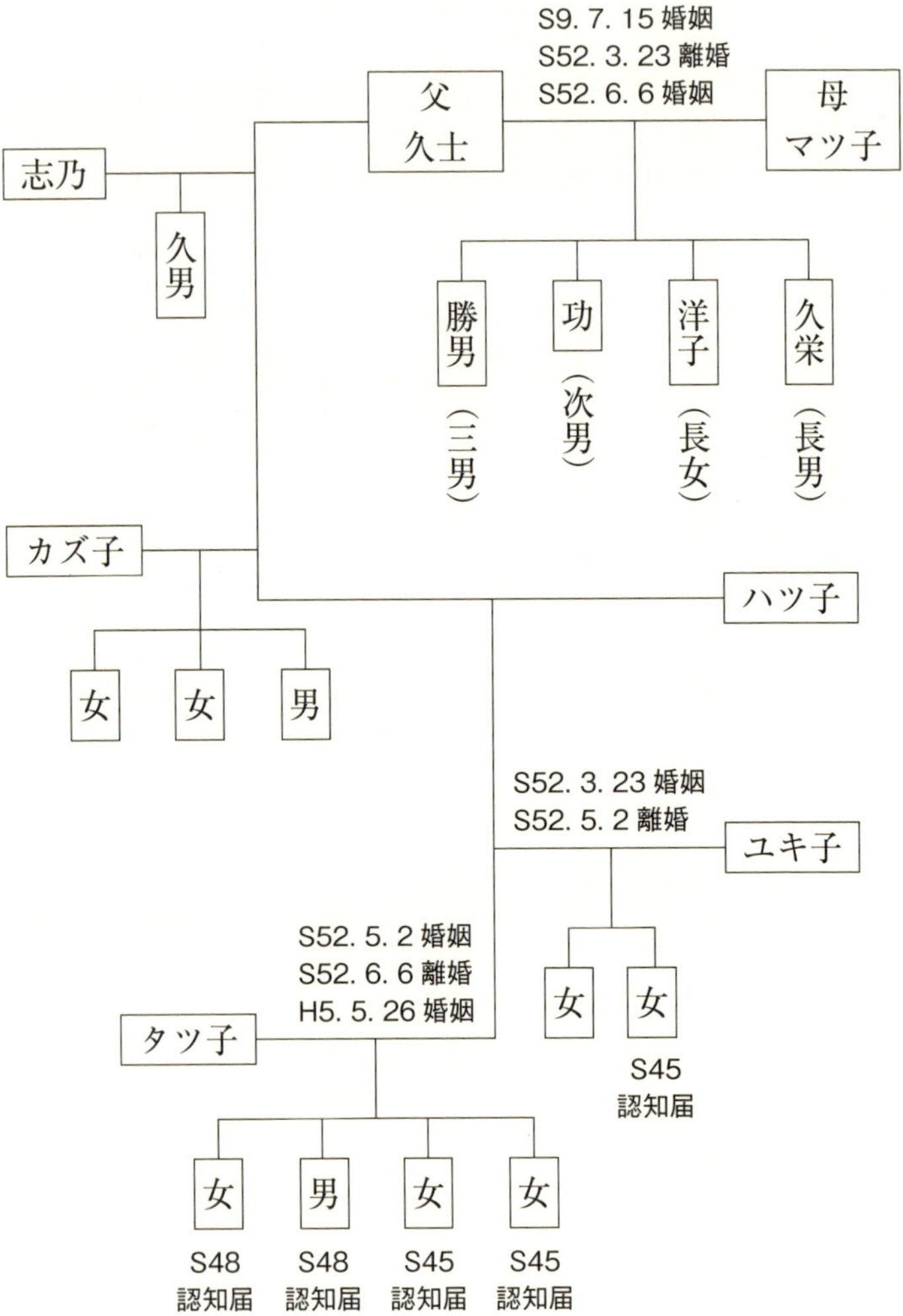
S9. 7. 15 婚姻
S52. 3. 23 離婚
S52. 6. 6 婚姻
父
久士
母
マツ子
志乃
久男
勝男
（三男）
功
（次男）
洋子
（長女）
久栄
（長男）
カズ子
女
女
男
ハツ子
S52. 3. 23 婚姻
S52. 5. 2 離婚
ユキ子
女
女
S45
認知届
S52. 5. 2 婚姻
S52. 6. 6 離婚
H5. 5. 26 婚姻
タツ子
女
男
女
女
S48
認知届
S48
認知届
S45
認知届
S45
認知届

このようなことは、法治国の日本で例を見ないことです。戸籍の偽造など、そんなに簡単にできることなのでしょうか。法治国家の日本で、役所がこのようなことを承認するのでしょうか。父が議員だったから、何らかのコネを使って行ったことなのでしょうか。私は本当に驚いてしまいました。

父には私たち四人の子どものほか、十人の子どもがいました。もしかしたらそのほかにも幾人かいるのかもしれません。父は本当に、女にだらしがなかったのです。

私たちは子どものころから、父の女癖の悪さを見ながら育ってきましたが、まさか戸籍まで偽造していたとは夢にも思いませんでした。

五番目の妾だったタツ子が、父と堂々と生活するようになってから、長女、次女、長男、三女を出産していました。タツ子は自分の生んだ子どもたちが成長するに従い、認知はされたものの妾の子どもたちと言われるのを嫌っていて、自分が本妻になれば子どもたちは妾の子どもたちと言われないようになると思い、再三父に離婚を迫っていました。

それは母が父から離婚を迫られていた時期と重なりますから、タツ子が父をそそのかして戸籍を偽造したという可能性も考えられました。

兄たちは、父の戸籍偽造について、離婚無効確認訴訟、結婚無効確認訴訟を家庭裁判所に申し立てることにして、書類を作成していました。私も姉も当然訴訟をするつもりでした。

兄たちが母を原告として、父を相手に訴訟を起こしたのは、それから十年経った昭和六十三年のことでした。

原告となった母は、昭和六十三年十二月六日に、裁判所に呼び出されました。

その後も、元号が変わって平成元年二月、三月、四月と、続けて出廷しなければいけませんでした。

不治の病から奇跡的に復活したとはいえ、母の身体は丈夫ではありませんでしたから、裁判所へ行くのは大変なことでした。どんな元気な人にとっても、裁判というものは肉体的にも精神的にも負担がかかります。

病弱な母にとっては非常に負担なことでした。

母から電話がかかってきました。もう裁判はしたくないと言うのです。

「争いごとは嫌いです。可能な限りもう裁判はしたくない。子どもたちも立派になっているし、夫を許すことにしています」

母はそう言いました。

私は姉と相談し、当事者である母の意向を受け入れ、共に裁判をしないことに決定しました。姉と私も当事者ですが、母の意向を汲み取り、また、裁判に病弱な母が耐えられる身体ではないことを考慮して、裁判に加わらないことにしたのです。

裁判をしないということは、財産もみんな取られることだと承知しています。それより、苦労してきた母の気持ちを尊重したかったのです。当時私は、沖縄での虐げられた日々の中で好きな思い出などありませんでしたし、父の遺産など欲しくはなかったのです。

兄たちはかなりの剣幕で怒っていました。二人の怒りもよくわかります。私だって父を許せない気持ちでいっぱいでしたから。

しかし女として、母として、人間として、母の幸せはあったのか。それを考えると、母のこれからの幸せを守ってやらねばと思ったのです。私は、父の財産が何十億円あろうが遺産はもらわないと決めました。


その年の九月、母が鎌倉へやって来ました。

数年前から母は、冬は沖縄の姉の家で、夏は鎌倉の私の家で過ごすようになっていました。沖縄が梅雨に入る前の四月か六月ごろに鎌倉へ来て、鎌倉の秋風が冷たくなる十月ごろ沖縄へ帰っていました。

例年なら五月ごろには鎌倉に来ていたのですが、裁判のことで心身とも疲れていた母は、九月に鎌倉に来たのです。

母の部屋は、庭に面した床の間のある六畳の和室で、とても気に入っていました。好きな部屋で疲れも取れたのか、私や孫に戦争の話や台湾のこと、沖縄に帰還したときのことなどを詳しく話してくれました。テープにも録音してあります。

起きている時間の半分以上は聖書を読み、祈っていました。

裁判はしないということを再び確約しました。

九月二十三日の土曜日、私たちは母を連れて小田原の別荘へ行きました。一年前に買い求めたばかりの別荘です。

別荘を求めるつもりはありませんでした。

その別荘は、妻の友人夫婦が所有していたものです。以前に、私たち夫婦も招かれて、筍《たけのこ》狩りをしたことがありました。

私の家で、妻とその友人が四、五人で集まっていたとき、その友人のご主人が仕事先で急に倒れて救急車で病院に運ばれたという電話が入りました。

奥さんが急いで病院に駆けつけると、ご主人は脳出血で昏睡《こんすい》状態に陥っていて、集中治療室で治療を受けていたようですが、その日のうちに亡くなりました。

ご主人は会計士をしていました。鎌倉の有名なお寺や、多数の会社などの会計を担当していてかなり裕福だったようです。

しかし会計事務所を拡大するため、必要なほどの生命保険に入っていませんでした。

奥さんは、子どもさんの希望を叶えて医学部に行かせたいが、その資金がないので別荘を買ってほしいとのことでした。私は妻から「助けるつもりで別荘を買ってほしい」と頼まれました。

私は貯えなどほとんどありませんでした。しかし銀行が貸してくれるとのことだったので、仕方なく買うことにしたのです。その後、彼女の息子さんも私の息子も無事に医大に合格してホッと一安心しました。

別荘へは、私たち家族四人と母のほかに、妻の姉、それから洋子の長女の静香も来ました。静香は、母にとっての初孫、私にとっては初の姪です。

孫たちに囲まれ、母はとても喜んでいました。空気の澄んだ山中で、私たちはとても幸せな時間を過ごしました。

別荘は居抜きで買っていましたので、妻の友人家族の荷物なども少し残されたままでした。冷凍庫の中にはキャビアの缶がいくつかあって、誰もキャビアなど食べたことがなかったので、思い切って食べてみることにしました。キャビア缶は、妻の友人がせめてものお礼にと置いていってくれたのだと思います。

母は、はじめてのキャビアを美味しい美味しいと言って食べていました。

母のうれしそうな様子を見ながら、私も美味しく食べました。

子どものころに、兄や姉たちと、大人になったら母に美味しいものをたくさん食べさせようと誓ったことが思い出されました。

家族や親戚に囲まれ、母が幸せそうにしているのを見て、私は満たされた気持ちになっていました。別荘を買って良かったと思えました。

翌朝、起きてきた母が、少し気分が悪いと言いました。

キャビアがいけなかったのかと思いましたが、そうではない様子です。

万が一に備え、私は母を連れてすぐに鎌倉へ帰ることにしました。小田原は鎌倉から車で一時間ちょっとの距離ですが、日曜日ですから大きな病院が近くにあるほうが安心できると思ったのです。

鎌倉の家に着いてすぐに、母を部屋に寝かせました。

昼食にインスタントラーメンを作り、母と二人で食べました。しばらくして、まだ気分が悪いと言いますので、小田原へ電話し、妻にも帰ってきてもらうことにしました。

妻が戻り、心配して母の様子を見てくれていましたが、夕方になるとますます気分が悪くなったようなので、私は救急車を呼びました。肺炎の心配をしたのです。

母は自分で着替え、誰の手も借りずに救急車に乗り込みました。すぐに帰ってくるだろうと思っていた私は、翌日から仕事があるため妻に付き添ってもらいました。

夜になって妻から電話があり、母が危篤状態だというのです。そんなわけはないと、私は半信半疑で病院へ駆けつけました。

休日の病院には、研修医しかいませんでした。研修医からは肺炎を起こしているので抗生物質を常用量投与してあると言われ、驚いて私は口腔外科医をしていることを述べ、抗生物質を倍量静注するように頼み、そのように静注してくれました。しかし残念ながら効果が現れませんでした。処置が遅すぎたと思います。

母はかすかに意識がありました。私は母の手を取り、「大丈夫だ、がんばれ」と励まし続けました。母の手が、私の手を握り返してくれました。

しかし、私の手を握る母の手から、少しずつ力が抜けていき、夜半過ぎに脈が途絶えました。

「お母さん、お母さん……」

私は、目を開けない母に何度も呼びかけながら、強い後悔の念に陥っていました。医療に関わっている私が、なぜもっと早くに母を病院へ運ばなかったのか。悔やんでも悔やみきれませんでした。

いつの間にか母は、葬儀社の車に乗って、家に帰ってきました。

私が手配したのだと思いますが、記憶が飛んでいます。

姉に電話し、母の死を伝えたはずですが、どんなふうに伝えたのか、姉が何を言ってくれたのか、すべて記憶にありません。

ただそのあと、物言わぬ母を飛行機に乗せて沖縄に連れて帰ったことだけを覚えています。

母が天国へと旅立ったのは、平成元年九月二十五日。
苦労の連続の生涯を、鎌倉の地で終えたのです。七十五歳でした。

通夜は、姉の家で執り行われました。どのような通夜だったか覚えていませんが、私の大学時代の友人の高垣くんが鎌倉から来てくれていました。私は知らせていませんし、姉の家も知らなかったはずなのに、どのようにして来てくれたのだろうと思っていましたが、高垣くんと話をする余裕もなく、彼はいつの間にかいなくなっていて、お礼すら言えませんでした。

葬儀は、首里教会で行いました。

お世話になった多数の方々の参列のもと執り行われ、母の亡骸の周囲に涙を浮かべた方々が、二重三重に取り囲み、長時間別れを惜しんでいました。しかし私は葬儀のこともほとんど覚えていないのです。

母を荼毘《だび》に付したあと、母の遺言どおり、私は遺骨を鎌倉へ連れて帰りました。生前の母は、私が買った鎌倉霊園に入りたいと望んでいて、兄や親戚たちは本当は反対だったようですが、母がちゃんと意思を伝えていたようで、すんなりと遺骨を渡してくれました。

鎌倉霊園での納骨の日、牧師を呼んで、教会式で納骨してもらいました。

私が歯科医院を開設したときにお墓を買ったことを知っていた母は、夏に私の家に来るようになってから、霊園に連れていってほしいと言いだしました。

そして、広々とした鎌倉霊園の芝生墓地にある私の苗字が墓碑銘となるお墓が気に入ったのか、「私はこのお墓に入る」と言い、私に強く願いました。そのときは気軽にいいよと答えていましたが、その日がこんなに早く来るとは思ってもいませんでした。

母は私の家にいるとき、聖書を読んで過ごし、私の子どもたちに台湾のこと、沖縄のこと、戦争のことなどを話してくれました。

二度と戦争を起こしてはいけない、戦争というものは、勝っても負けても、たくさんの人が死に、たくさんの子どもたちが傷つくのだからと母は言い、平和な世の中になることを願っていました。

不思議なことに、最後に母が鎌倉に来たとき、手帳に記した日記や、細々と書き付けた料理のレシピなどが書かれたノートなどを、沖縄からすべて持ってきていました。母が想いを書きつけていたノートは、小学、中学生時代に私が皆勤賞でもらったノートでした。

大した量ではありませんが、それは数十年分にもわたる母の記憶と記録でした。

予感があったのでしょうか。

私は母の心を、母の遺品から知ることになったのです。

母がノートに書き付けていた言葉は、恨みや愚痴などではなく、祈りの言葉でした。

母は、いつも私たちのために祈ってくれていました。

苦しいときは、心の平安を得るために、神様に祈っていました。

そして母は、とっくに父を許していました。

母が私に残してくれたのは、すべてを受け入れ、感謝し、許すことが大事なのだという心でした。

母は亡くなる五年前、私の家から天国を見たことを書いてありました。


九月十五日。

鎌倉に住んでいる息子の勝男の家からは、富士山が見えるのです。

今日も夕日と富士山を見ようと思って楽しみにしていました。

今日の夕日はいつもと違うなと思いつつ眺めていると、大きな金の柱がいくつもいくつも立ち並び、金の御殿がどこまでも広がっているのが見えました。

すると私の立っているところに、ゆるやかに天から道が降りてきました。

そのうつくしいこと、なんともいえないほどです。

私一人で見るのはもったいない、息子家族にも見せたい思いでしたが、息子は歯科医師会で昨日から京都へ出かけています。お嫁さんは夕食の買い出し、子どもたちも出かけていて私一人です。

神様、本当にこんなにうつくしいものを見せてくださり感謝申し上げます。

神様のいらっしゃるところは金ピカピカのところですか？　と言葉をかけますと、「はい」とお返事なさったようにピカピカ電気がついたり消えたり、そのうつくしいこと、言葉ではいい表せないほど虹色でピカピカしています。目がくらみそうな光景です。そのうち白い雲に覆われて隠れてしまいました。

私のような者に、こんなに恵みを与えてくださり、憐れんでくださり、長生きさせてくださり、神様に心から感謝申し上げます。

私は、母が本当に天国を見たのだろうと思いました。

鎌倉霊園で眠ることを望んだのは、天国への道は、鎌倉から続いていると思ったからかもしれません。もしくは私と同じように、しがらみの多い沖縄から離れ、安らかに眠りたいと思ったのかもしれません。

母が亡くなって十年後の平成十一年、私は四台ほど駐車可能な土地を購入し、歯科医院を新築しました。

新築祝いに、父と姉夫婦が沖縄から来てくれました。

そのとき珍しいことに、父が母の眠る鎌倉霊園へ連れていってほしいと言ったのです。

父と妻と姉夫婦を車に乗せ、五人で霊園へ向かいました。

小雨の降る日のことでした。

北鎌倉の円覚寺、建長寺、そして鶴岡八幡宮を過ぎ、二十分ほどで鎌倉霊園へ到着しました。

母が眠るお墓の敷地には、数人が立てるくらいの長方形の拝石があります。私がそこを歩いて墓石の前に行こうとしましたら、前を歩いていた父が急に立ち止まりました。

さすがの父でも母のお墓に参るのは気が引けるのかと思っていると、父は突然、拝石の上に正座したのです。そして、額を拝石につけたのです。

私はびっくりしまして、そんなことしなくていいよと言ったのですが、父は立ち上がりません。黙って母の墓石を見つめながら、静かに拝石の上で正座しています。

空からは小雨が降っています。正座している父のズボンは濡れています。

(何が起こっているんだ……)

目の前の光景がまったく理解できませんでしたが、雨に濡れた父の姿が泣いているように見えて、私もうっかり泣きそうになりました。

父は、かなり長い間その姿勢を崩さず、拝石の上に正座していました。

みんなも黙って、そんな父の姿を見ていました。

あのときの光景を、幾度思い返しても、いまだ理解することができずにあれこれと考えてしまいます。

父は、母に謝っていたのでしょうか。

これまでの非道の許しを乞うていたのでしょうか。

人間の心には、計り知れないものがあります。

父があのとき何を想い、母の墓前で正座をして頭を下げたのか、本当のことはわかりません。

私にとって、父は母を苦しめるだけの存在でしたが、あの瞬間に流れていた静謐《せいひつ》な時間だけは、正しいものだったのだと信じたい気持ちもあります。

母は、ノートにこう書いていました。


私は夫と離婚したいとは思いませんでした。それは、籍を置いておけば、夫の心がいつかは私に向き、帰ってきてくれると思っていたからです。

あのとき父は、やっと母の元に帰ってきたのかもしれません。


晩年の父には認知症があり、いろいろなことを忘れていったようです。

姉は、父が入院している病院へよく通っていましたが、タツ子から病室に入らないよう制されることも多かったようです。

母が亡くなってから五年後に、タツ子はまた父と籍を入れていました。正式な妻になっていたので、父の財産のことなどをすべて取り仕切るようになっていました。

病室の父の目の前で、タツ子は遺産の話ばかりしていて、嫌になった父は、姉に愚痴をこぼしていたそうです。実際に、父が亡くなる直前に、父の家や土地の名義などが、タツ子やタツ子の子どもたちの名義に書き換えられていました。

あるときなどは、ユキ子の娘とタツ子の息子が、どっちが何をもらうなどと財産の話になり、父の前で大喧嘩したことがあるそうです。二人の間に入って喧嘩を止めたのは姉でした。

お金の話ばかりされることにうんざりしていた父は、私のことを褒めていたそうです。

「勝男は偉いな。俺から一銭ももらわないで歯科医になった」

この台詞を何度も繰り返していたそうです。

それから姉が、にわかには信じがたい話を教えてくれました。それは私たちが子どものころ、父がユキ子と暮らしていたころの話です。

父がもらってきたケーキを、ユキ子は私たちに見られないように隠していて、そのケーキを腐らせてしまいました。腐ったケーキを見つけた父が、ユキ子をすごい剣幕で怒ったそうです。

「腐らせる前に、なんで四人の子どもたちに食べさせてやらなかったんだ！」

それを聞いた姉は、お父さんにも私たちの父親だという自覚があったのだと思ったそうですが、当時の父の言動は本当にひどかったので、姉がそのことを思い出したのは最近のことだったようです。

父が、私たちにケーキを食べさせなかったユキ子を怒鳴ったなんて、にわかには信じがたい話でした。あのころの父に、そんな感情があったなんて、それこそ「あきさみよー」です。びっくりしました。

タツ子は昔、浮気している現場を父に見られ、父に蹴飛ばされたことがあるそうです。父に、家から出ていけと言われたタツ子は、なんと姉に泣きついてきて、父にとりなしてくれと頼んできたのです。父に追い出されそうになっていたタツ子を、姉が父にとりなしたので、タツ子は家に帰ることができたのです。

「あれは、俺が救ってやったのに浮気をしやがって。あれの子どもだって、俺の子どもかどうかわかったもんじゃない」

「俺が死んだら、財産のことは全部、久栄に任せたい」

父はそんなことを言っていたそうですが、認知症が入っていたから、本当のことかどうかはわかりません。

そして平成二十四年十一月、父は九十八歳で亡くなりました。

告別式で葬儀委員長をしてくれた高名な政治家は、私たちの複雑な家庭環境を知っていたので、兄たちが欠席したことにも理解を示し、私には、ずっと自分の横に座っているようにと言ってくれました。彼は、タツ子やタツ子の子どもたちには挨拶をさせないといって、そのとおりにしてくれました。

父が亡くなってからは、すべての財産はタツ子たちが握りましたが、タツ子たちと、あちこちにいる父の子どもたちの間では、その財産を巡って頻繁に裁判が行われているようでした。

私のところにも、半分血がつながっている人から味方になってくれという相談が来ましたが、私は断りました。私はそんな争いには加わりたくなかったし、父の財産など一円たりとももらうつもりはなかったのです。

私の妻は、そんなに子どもがたくさんいて、莫大《ばくだい》な財産があるのなら、もう全部社会へ寄付してしまえばいいのにねと言っていました。実際に父にもそう言ったことがあります。さすが私の妻です。

私が唯一、生前の父からもらったものは、三線《さんしん》でした。私が我流で三線を弾いていることから、私に譲ってくれたのだと思いますが、その三線は鑑定書つきで、本にも載っているくらい立派な三線だったので、私は沖縄の博物館に寄贈しました。

私は近ごろ、母の人生をはじめ、父の女だった人たちの人生のことを考えるようになりました。女性にとっての幸せとは、いったい何なのでしょう。

いまは、女性の幸せとか男性の幸せとかに分けて論ずることは難しい時代ですが、少なくとも人は、誰に出会うかで、その人生は変わるのだろうなと思います。

そしてその出会いを宝にできるかは、その人の考え方次第なのかもしれません。

洋子は、父の女だった人たちから助けを求められると、本当に惜しみなく尽力していました。父の四番目の女であったユキ子が、糖尿病によって両足を切断したときには、お見舞いをユキ子に打診すると、来てほしいと言われ、担当医にサプリメントなら差し入れ可能と許可を得て、サプリメントを届けに行って、彼女の前で、彼女のために祈ったようです。

糖尿病は食事制限がありますので、医者の許可を得て、サプリメントを持っていったのです。私には到底、真似のできないことです。

姉の夫は事業をしていたので、姉は夫の仕事を手伝いながら四人の子どもを育て、母のことはもちろん、父、そして父の女たちのことも助けていました。

私は、どうして姉がそんなに寛大でいられるのか驚きながら、尊敬していました。

高校一年生のときに洗礼を受けてから、敬虔なクリスチャンだった姉の中には、すべてを許すというキリスト教の信念が根づいているのだろうと思っています。


そんな姉が牧師になったのは、父が亡くなる三年前のことでした。

姉は六十九歳でした。

牧師になるための儀式、「按手式《あんしゅ》」が行われる日、私は沖縄へ駆けつけました。

教会で、姉に祝辞を述べました。

※

お姉さん、本当におめでとうございます。

一昨年、手作りで教会を建てていることを聞いたときはまさかと思い、今回は牧師になることを聞き度肝を抜かれました。

六十九歳で人生を大きく変えることは、並々ならぬ決心と、揺るぎない覚悟があったことと思います。

思い起こせば、私たちが育った環境は普通の家庭ではなかったですね。

父は、私の物心がついたときにはすでにほかの女と生活をし、母は私が五歳のとき、四人の子どもを育てるための苦労から、当時は不治の病であった結核を患い、入院をしました。

父に引き取られた私たち兄姉弟四人は筆舌に尽くしがたい虐待に遭いました。

そのような父をも許して、天国へ導きたいと聞いたとき、私も恨みは薄くなりました。

母はとっくに父を許していました。

母は熱心な祈りの人でした。

母が鎌倉の私の家で過ごしていた夕方だったと思いますが、富士山の裾野や湘南の海まで見える窓から眺めていると、天国への階段が神々しく見えたと、目を輝かして言っていました。母には天国が見えたのでしょう。

私は鎌倉の地で、ときどき教会へ行くという、まことに不真面目な信者ですが、お姉さんの決心に大いに賛成で、シャローム聖霊の歌をプレゼントし、祝福をしたいと思います。

私はピアノも弾けず、おもちゃのピアノを求めて五線に起こして作詞・作曲をしたものです。

演奏、歌は、音大出身で牧師を務める先生にお願いいたしました。

ぜひ、心の病のある人々のすばらしい相談者に、神様の国への導き者になってください。

参列者の皆さま方に支えられ、励まされて、姉は牧会に入ります。

兄姉弟を代表して心から御礼を申し上げますとともに、これからも姉の心が迷うときもありましょうが、良き相談相手になってくださることをお願いいたします。

ありがとうございました。

「シャローム精霊教会」の歌

1　常夏の島　沖縄の
　聖霊満ちる　教会は
　貧しき者も　病める者

心に傷を　負う者も
無償の愛で　祝福す

2

守礼の邦の　教会は
手づくりながら　栄光の
聖霊ここに　おわします
シャローム　シャローム　平安を
世界の人へ　祈ってます

3

救いの御手を　さしのべる
イエスと共に　歩みゆく
シャローム聖霊教会に
永久《とこしえ》までも　輝ける
賛美の歌が　響きます

宗教にかかわらず、誰かが心的にハグしてくれることは、生きていく上でとても大切なことです。

自分にはそんな人は誰もいないと思っていても、それは気づいていないだけのことが多いのです。悲しみや苦しみに囚われていると、やさしさを感じるアンテナが鈍ってしまうのです。もし家族に恵まれていなくても、近所の人や友だち、そしてたった一度しか会ったことがない人でさえ、やさしい人はたくさんいます。

そんなやさしい人がくれる微笑みを、しっかり胸に刻んでいけばいいのです。

世の中には、いろいろな人がいます。いつまでも覚えておくといいのは、やさしい人の微笑みです。つらいことは、その微笑みで包んで消してしまえばいいのです。

私はたくさんの人と出会い、その縁に感謝し、つながりを大切にしてきました。

私たち兄姉弟は、どんなに悲惨な状況にありながらも、助け合って励まし合って生きてきました。父の戸籍偽造事件が発覚してから、兄たちと少し疎遠になるような時期もありましたが、私はずっと兄たちに感謝し、兄たちのことを想っています。

※

功は、四年前にガンで亡くなりました。

天国で母と笑い合っているでしょうか。


私は去年、五十二年続けた歯科医院を卒業しました。

小学生のときに一日休んだだけで、私はその後、中学、高校、大学と一日も休みませんでした。歯科医になってからも皆勤賞を続けましたが、風邪で高熱を出していたときにも医院に行こうとして、患者さんにうつすからと妻に止められたほどです。

「卒業」したという表現を使っているのは、引退とは完全に辞めること、卒業とはその部署から去り、次の段階へ進むことだと思っているからです。

「卒業」は「引退」とは違うので、私はこれから新しいことに挑戦しようと思っています。


平成十二年に、聴覚障害のある患者さんとのコミュニケーションを円滑に行えるよう、模擬診療のＤＶＤを製作しました。

当時、保健所から聴覚障害の患者さんを診てほしいと頼まれて、聴覚障害のある患者さんを診ることになったのですが、歯科医というのは診療中、常にマスクとグローブをしていますから、耳の聞こえない方は歯科医の唇の動き（口話）を読むことができません。そして筆談を行うには、そのたびごとにグローブを外したり、またつけたりと大変です。そこで手話を学んだ方がいいと思い、私は手話を習い始めました。

その際に、歯科医向けの手話診療のテキストなどがどこにもありませんでしたので、それならば自分で作ってしまおうと思ったのです。

市の手話教室に通い、診療時に必要な手話単語表現を習い、「歯科治療における聴覚障害者とのコミュニケーション《模擬診療》」というＤＶＤを、歯科医院用に作ることになりました。

自ら脚本と歯科医師役を務め、患者役を聴覚障害者鎌倉市会長、衛生士と受付役は歯科医院の二人の歯科衛生士、手話表現、指導は手話通訳者、ナレーターは元ニュースキャスターの姪、撮影、音響は技術者で姪の夫、が務め三十分のＤＶＤを作成しました。

できあがったＤＶＤは全国放送のテレビで紹介されまして、欲しい人には差し上げますと言いましたところ、全国から七百以上の歯科医院、歯科大学、病院から問い合わせがありました。全員に配送しました。しかし、それ以後二十年以上作成されていません。

新しいＤＶＤが作成されるのを期待しています。

四年前、首里城が火災にあって焼失したとき、私は何年かぶりに妻とツアーで遺産が多いカンボジアを訪れていて、ホテルに着いたばかりでした。部屋に案内され二時間ほどの休憩があるので、テレビをつけると、見たような城が燃えているのです。首里城です。リアルタイムで放送されていました。

数分後、姉や友人たちから電話がありました。戦争で破壊された首里城を再建する前は、その場所に琉球大学が建てられ、私は二年間在籍していました。校舎から見る景色は素晴らしく那覇市内や太平洋の彼方まで眺められました。首里城は私たちの宝、いやそれ以上のウチナーンチュ（沖縄人）の心なのです。ツアーでアンコールワット等案内されましたが、心は燃えている首里城です。観光どころではありませんでした。

私達の使命として大きな犠牲を払った戦争の体験を記録として後世に残すことだと思います。大城道子さんを編集者として二〇一二年『赤ん坊たちの記憶　１９４３年～１９４５年に生まれて』（牧歌舎）が発行されています。身内や親戚の方々に自分に関することを聞き、事実に基づいて記録したものです。戦後の大変だった時期に諦めずに生きてきたから、今日の自分がいるのです。大変だったのはみんな同じでした。

人は誰でも、生きていく上で迷い、悩み、自暴自棄になることもあると思います。しかし、あきらめなければ道は開けてくるのです。


いま、青春真っただ中にいるみなさん、いま、深く悩んでいるみなさん、挫けそうになっても一人で抱えこまないでください。

小さな子どもが親の面倒を見ているヤングケアラーも多くなっているようですが、相談相手は必ずいます。勇気を持って、目標を立てて、前に進むこと。しかしがんばりすぎると疲れます。息抜きも大事ですよ。

人生をあきらめてはいけません。あきらめなければ必ず道は開けます。がんばった結果がうまくいかなくて、無駄なことだったように思えても、いつか必ずプラスになってきます。

いまつらい環境にいて、日々涙を流すことがあったとしても、決して希望を捨てないでください。がんばりすぎず、一歩一歩ゆっくりと、前を向いて歩いてください。流した涙の数だけ、人はやさしく、強くなれるのです。

私の大好きなウチナーグチは、「なんくるないさー」という言葉です。

その意味は、これまで懸命にやってきたのだからどうにかなるよという意味です。

どんなことがあってもあきらめるなよ、という意味です。

いい加減な、どうでもいいよね、みたいな言葉だと思われることもあるようですが、どうでもいいやは「てーげーやさ」です。まるっきり違います。その語源は「大概」です。

最後に「なんくるないさー」の歌詞をご紹介します。


「なんくるないさー」

1.　母の背中に　背負われて
艦砲射撃を　逃げまどい
町山　すべて焼け野原
おっぱいさえも　出てこない

そんな中でも　育つのさ
なんくるないさで
夜（世）が　明（開）ける

2.
古金　空き瓶　薬莢と
拾い集めて　売っちゃうさ
小遣い稼ぎは　お手の物
食べ物みんなで　分け合った
腹が減っても　へっちゃらだ
なんくるないさで
夜（世）が　明（開）ける

3.
首里の古城も　よみがえり
賑わう那覇を　横目に見て
平和のいしじ　立ち寄れば

幾万刻める　亡き人々
神のみもとへと　祈ります
なんくるないさで
夜（世）が　明（開）ける

そしてみなさん、戦争はいかなることがあってもやってはいけません。子どもたちを不幸にしてはいけません。

緑ある豊かな地球を、次の世代に残そうではありませんか。

私の人生の物語が、あきらめないことの大切さに気づいてもらえる一端になればいいなと思いながら、そろそろ私の長い物語を終わりにします。

春の野に　芽吹けよ出でよ　飛び立てよ　夢果てしなく　望み抱きて

令和六年八月十五日

東風勝男

著者プロフィール

東風 勝男（こち かつお）

生年月日　　1944年8月6日
　　　　　　沖縄育ち
現住所　　　神奈川県鎌倉市
職業　　　　歯科医師
歯学博士
令和3年、文部科学大臣表彰
好きな言葉　ナンクルナイサー
夢　　　　　戦争のない世界
　　　　　　人生を諦めない
　　　　　　子供たちに夢のある世界

なんくるないさの物語　大切なのは、あきらめないこと

2025年2月15日　初版第1刷発行

著　者　東風 勝男
発行者　瓜谷 綱延
発行所　株式会社文芸社
　　　　〒160-0022　東京都新宿区新宿1－10－1
　　　　　　　　　　電話　03-5369-3060（代表）
　　　　　　　　　　　　　03-5369-2299（販売）

印刷所　株式会社平河工業社

ISBN978-4-286-25621-4